Maurizio Francesconi und Alessandro Martini

111 Orte in Langhe, Roero und Monferrato, die man gesehen haben muss

emons:

Bibliografische Information der Deutschen Nationalbibliothek
Die Deutsche Nationalbibliothek verzeichnet diese Publikation in der Deutschen Nationalbibliografie; detaillierte bibliografische Daten sind im Internet über http://dnb.d-nb.de abrufbar.

Titel der Originalausgabe:
111 luoghi di Langhe, Roero e Monferrato che devi proprio scoprire
Übersetzung aus dem Italienischen: Jan Heberlein
Layout: Eva Kraskes, nach einem Konzept
von Lübbeke | Naumann | Thoben
Kartografie: altancicek.design, www.altancicek.de
Kartenbasisinformationen aus Openstreetmap,
© OpenStreetMap-Mitwirkende, ODbL
Druck und Bindung: Lensing Druck GmbH & Co. KG,
Feldbachacker 16, 44149 Dortmund
Printed in Germany 2018
ISBN 978-3-7408-0474-9

Vorwort

Langhe, Roero und Monferrato sind benachbarte, aber ganz unterschiedliche Regionen, die seit 2014 von der UNESCO als »Weinbaulandschaften des Piemont« zum Weltkulturerbe ernannt wurden. Heute ist dieser südliche Teil des Piemont bei einem internationalen Publikum bekannt und geschätzt, das vom Wein und dem guten Essen, den antiken bis zeitgenössischen Kunstschätzen, faszinierenden Landschaften (natürlichen wie kultivierten gleichermaßen) und Traditionen angezogen wird, die hier überlebt haben und sich immer wieder erneuern.

Hier gibt es nahezu vergessene und nun auf dem Weltmarkt Erfolge feiernde Weine, typische Spezialitäten, die man nirgendwo anders findet, Kunst und Architektur aus Mittelalter und Barock, aber auch dem 19. Jahrhundert und der Gegenwart, historische Gärten, königliche Residenzen der Savoyer und prächtige Industriellenvillen, die auf Ihren Besuch warten, von Archistars entworfene Winzerbetriebe, erfindungsreiche (und manchmal gar aufklärerische) Unternehmer, Sozialheilige, große Schriftsteller, Partisanen, kleine Erzeuger, die zu Weltmarken wurden, Riesensitzbänke und Tennisschläger …

Vom Trekking auf dem Rücken von Eseln oder Lamas, die sich dem Klima des Monferrato perfekt angepasst haben, über römische Überreste bis zum mittlerweile legendären Weißen Trüffel; von Freilichtmuseen, Stiftungen zeitgenössischer Kunst und (fast ganzen) Walen vor der Hauseinfahrt. Von Dagoberts Geldspeicher über die Züchtung von DOCG-Schnecken bis zu den ehemaligen Zementwerken, die heute Meisterwerke der Industriearchäologie sind. Das und vieles mehr gibt es in diesem Buch zu entdecken.

Wir haben für Sie auf diesen Seiten 111 Orte und ihre Geschichten gesammelt (hätten Ihnen aber viele weitere vorstellen wollen!). Wir hoffen, dass sie Neugier und Interesse bei unseren geneigten Lesern für eine Gegend wecken, die in der Vielschichtigkeit von Landschaften und ihren Erzählungen zu Recht ein Mekka des internationalen Gastronomietourismus ist.

Aber das ist längst nicht alles …

111 Orte

1 Familie Ceretto

Botschafter von Wein und Kunst

1999 haben Sol LeWitt und David Tremlett mit ihrer bunten Kapelle im Weinberg Brunate von La Morra ein Symbol der Langhe in der Welt geschaffen. Seitdem ist eine feste Bande zwischen der Winzerei Ceretto und der Welt der zeitgenössischen Kunst und Architektur entstanden, etwa die »Autoren«-Kellerei l'Acino (in der Tenuta Monsordo Bernardina, dem Herz des Betriebs) und der Cubo (auf dem Bricco Rocche in Castiglione Falletto), für die sich Luca und Marina Deabate verantwortlich zeichnen (erstere mit Giuseppe Blengini). Francesco Clemente hat die Piazza Duomo mit seinen Fresken ausgeschmückt. Das Restaurant Piazza Duomo haben die Ceretto dem Chef Enrico Crippa anvertraut, während unter den Bogengängen der Piazza und der Einrichtung des unten genannten La Piola Kunst von Kiki Smith zu sehen ist (die Teller in diesem Restaurant sind das Werk von 12 Künstlern, darunter James Brown, Gary Hume, Robert Indiana, Jasper Johns und Philip Taaffe).

Aber wer ist die treibende Kraft hinter all dem? Wir fragen uns das schon lange, und haben jetzt, dank dieses Buches, die Antwort parat: Es ist die Familie Ceretto selbst, keine Agentur oder ein internationaler Art Director. Natürlich haben sie Berater, mit denen sie plaudern (mit einem Glas Wein in der Hand, versteht sich), aber hinter all dem stehen die beiden Brüder Bruno und Marcello, ersterer pflegt die Beziehungen ins Ausland, letzterer prägt das Gesicht des Unternehmens. Dazu gibt es die Enkel Lisa, Roberta, Alessandro und Federico, von denen sich jeder klüglich ein eigenes Tätigkeitsfeld gesucht hat. Neben Bruno haben wir die schöne und brillante Roberta kennengelernt (mit einem Abschluss in südafrikanischer Literatur!), die sich mit der strategischen Seite der Kunst und dem Künstlermanagement beschäftigt. Anselm Kiefer, Marina Abramović & Co. nehmen die Einladungen zu einem Aufenthalt natürlich nur zu gerne an und werden oft in »Naturalien« entlohnt: Tremlett erhält für seine Fresken von 1999 zum Beispiel immer noch Flaschen erlesenen Barolos …

Adresse Ceretto Aziende Vitivinicole, località San Cassiano 34, 12051 Alba (CN) | Anfahrt von Alba die SP 3 Alba–Barolo bis zur Kreuzung nach Roddi einschlagen und den Schildern folgen | Öffnungszeiten April–15. Nov. Mo–So 10–18 Uhr; 16. Nov.–31. März Mo–Fr 10–17 Uhr, Sa 10–18, So 10–17 Uhr, www.ceretto.com, Tel. 0173/285942 | Tipp Im Sternerestaurant Piazza Duomo herrscht natürlich uneingeschränkt Chef Enrico Crippa (www.piazzaduomoalba.it). Wenn Sie an seiner Philosophie interessiert sind und vor allem seine ausgezeichneten Zutaten kennenlernen möchten, nehmen Sie am »Wine trekking« teil, bei dem man auch den Gemüsegarten von Crippa besucht. Wirklich interessant: von Mai bis Sept. Mo, Fr und Sa um 10 Uhr (geführte Besichtigung, Reservierung notwendig: visit@ceretto.com).

2 Giacomo Morra

Der internationale Botschafter des Weißen Alba-Trüffels

Berühmten Menschen wird oft Glück, Tüchtigkeit oder auch Genie nachgesagt. Oft vergisst man dabei eine wichtige Zutat, nämlich den »Sechsten Sinn« oder auch die Intuition. Giacomo Morra (1889–1963) verband all dies in seiner Person: Er war ein tüchtiger Gastronom und Hotelier (er übernahm das Hotel Savona und verwandelte es in ein damals modernes Gästehaus), Trüffelhändler (er gründete 1930 die noch bestehende Firma Morra Tartuffi und vertrieb zum ersten Mal den Weißen Trüffel von Alba), Event-Entwickler und Botschafter seiner Heimat in der Welt. Er hatte, um es kurz zu machen, viel Spaß am *ruscare* (arbeiten).

Als Erster spürte er, dass dieser merkwürdige unterirdische Pilz (kein Knollengewächs!) zum Anziehungspunkt für eine damals noch ländliche und wenig bekannte Gegend werden konnte (damals kauften reiche Großstädter hier noch keine Häuser). Auf ihn ist der Name Tartufo d'Alba zurückzuführen (*quelle élégance!*) und seine Glaubwürdigkeit und Intuition waren so legendär, dass die englische Presse schon 1933 Korrespondenten zu den *truffles* und der gerade entstehenden Fachmesse entsandte. Die *Times of London* schrieb: »Aus den Langhe stammen die Weißen Trüffel aus Alba, die aromatischsten und berühmtesten der Welt.«

Die Idee der Trüffelmesse und ihre finanzielle Unterstützung durch Morra haben ihn in die Geschichte eingehen lassen. In den USA erinnert man sich noch heute an ihn, weil er dem damaligen Präsidenten Harry Truman einen 2.520 Gramm schweren Trüffel zusandte.

1954 schickte er auch einen an Marilyn Monroe, und man munkelt, dass auch ein Abgesandter von Joe DiMaggio (ja, der Joe DiMaggio) in die Langhe kam, um einen Trüffelhund zu erwerben. Alfred Hitchcock und Frau sollen 1960 in Alba wegen des Trüffels eingekehrt sein. Und all dies dank der Intelligenz und des Gespürs eines Mannes. Wahrlich genug, um in den Geschichtsbüchern verewigt zu werden.

Adresse Tartufi Morra, Piazza Elvio Pertinace 3, 12051 Alba (CN) | Anfahrt A 6 Turi – Savona, Ausfahrt Carmagnola, dann weiter nach Alba | Öffnungszeiten Verkostungen können im betriebseigenen Geschäft reserviert werden, Tel. 0173/364271 oder auf der Webseite www.tartufimorra.com | Tipp Eine echte Sensation ist der Justizpalast der Architekten Gabetti und Isola (1981 – 1987) in Piazza Medford 1. Der derzeit ungenutzte Bau ist halbunterirdisch, und seine Dächer sind mit grasbedeckten Terrassen bestückt. Ein herausragendes Beispiel von »land art«.

3 Die Paolina-Familie

Sozialheilige mit Unternehmergeist

Turin ist die Stadt der Sozialheiligen, von Juliette Colbert (die ihr Leben im Schloss der Familie in Barolo verbrachte) bis zum Heiligen Giovanni Bosco. Im Piemont sind nicht nur viele von ihnen geboren, sondern hier hatten sie ihre Wirkungsstätte. Der selige Cottolengo etwa stammt aus Bra (wo man sein Geburtshaus besichtigen kann), die Heilige Maria Mazzarello, Gründerin der Ordensgemeinschaft der Töchter der Immaculata, ist aus Mornese. Und Papst Franziskus (geborener Bergoglio), wie viele hier mit kaum verhülltem Stolz erinnern, besitzt Wurzeln in Asti. Kein Wunder also, dass Pilgerwege unter der Bezeichnung »Region der Heiligen« (»*Terre dei Santi*«) ins Kraut geschossen sind.

Die Paolina-Familie ist heute mit ihrem Verlag Edizioni Paoline ein echtes multinationales Unternehmen im religiösen und sozialen Bereich. Vielen von Ihnen mag das nicht viel sagen. Aber zumindest italienische Leser dürften hellhörig werden, wenn der Name der Wochenzeitschriften »Famiglia Cristiana« und »Il Giornalino« fällt, die beide sehr auflagenstark und im Land wohlbekannt sind. Don Alberione, wie Sie wohl schon geahnt haben, hatte damals die geniale Idee, für die Verbreitung der christlichen Glaubensdoktrin auf Mittel der Massenkommunikation zurückzugreifen (zum Vorbild nahm er sich den Heiligen Paulus, daher der Name des Verlags). Der Erfolg war so überwältigend, dass schon 1924 in Alba der imposante Tempel des Heiligen Paulus eingeweiht wurde, dem weitere benachbarte Tempel und Einrichtungen folgten und eine Stadt in der Stadt bildeten, die sich heute in vielen Weltteilen ebenso ausgebildet hat. Der von Giuseppe Gallo entworfene Tempel (Sohn Bartolomeo steuerte die Fassade mit dem großen Tympanon im Stile des Klassizismus 1964 bei) wurde 1928 als »Kirche der Missionare der guten Presse« eingeweiht und bewahrt im Inneren Werke von Virgilio Audagna, Piero Dalle Ceste und Achille Funi. Heute ist in dem Gebäude das Zentrum des Mutterhauses der Gesellschaft des Heiligen Paulus zu Hause.

Adresse Tempio di San Paolo, Piazza San Paolo, 12051 Alba (CN) | **Anfahrt** die A6 Turin-Savona bei Carmagnola verlassen und dann bis zu den Ausläufern der Altstadt von Alba fahren | **Öffnungszeiten** täglich 7.30–12 und 16–19 Uhr (im Sommer ab 17 Uhr), www.paolinitalia.it, Tel. 0173/296199, vertiefende Informationen, auch zu anderen Themen in Alba unter: www.centrostudibeppefenoglio.it | **Tipp** Piovà Massaia (AT) ist der Geburtsort des heute ehrwürdigen Kardinals und Erzbischofs Guglielmo Massaia (1809–1889). Er verfasste den ersten Katechismus in der einheimischen Galla-Sprache und war Berater von König Menelik II. In der massigen Pfarrkirche in Piovà aus dem 18. Jahrhundert, die Benedetto Alfieri zugeschrieben wird, wird heute seine Andenken bewahrt, während gegenüber (in Piazza don Borio 1) eine kleine Dauerausstellung eingerichtet wurde (www.fraguglielmomassaia.it).

4_ Pinot Gallizio

Situationismus und industrielle Malerei

Seine Arbeiten sind in internationalen Museen ausgestellt (der Londoner Tate Modern und der Reina Sofia in Madrid) und er selbst, Giuseppe »Pinot« Gallizio (Alba 1902–1964) hat es verstanden, seine Stadt für einige Jahre zu einem Magneten der zeitgenössischen internationalen Kunst zu machen. Der Apotheker und Kräutersammler, der sich für die Archäologie und die heimische Geschichte begeisterte (etwa den *Palio degli Asini*), war Partisan, Kommunalrat, Christdemokrat, später Kommunist. Dazu ist er Aktivist und Künstler und Begründer der »industriellen Malerei«.

Sein Interesse für Kunst begann in den 1950er Jahren im Zeichen der Synthese: Keramik, Papier, Sand und Harze, Kleber und Kohle, Erde und Sackleinwand: Mit Asger Jorn, Pietro Sismondo und Guy Debord gründete er das »Erste Laboratorium immaginistischer Erfahrungen« der »Internationalen Bewegung für ein immaginistisches Bauhaus«. 1956 organisierte er in Alba den Ersten Weltkongress Freier Künstler, 1957 folgte die »Situationistische Internationale«, eine radikale Bewegung, die Vorlage für den französischen Mai und die Gegenkultur der 68er wurde. Es sind Jahre des Experimentierens, der Erfindungen und der neuen Bindungen. 1958 stellte er in der Turiner Galerie Notizie zwei Gemälde aus, die auf Mannequins oder Rollen aufgewickelt waren und verkaufte sie am »laufenden Meter«. Eine knisternde, fieberhafte Zeit begann in Italien und im Ausland. Maurizio Calvesi brachte ihn auf die Biennale von Venedig 1964, seinem Todesjahr.

Heute hat er in seiner Geburtsstadt ein Museum der vielen Orte. Im Haus, wo Beppe Fenoglio, Autor der »Die 23 Tage der Stadt Alba« gelebt hat, richtete das Centro Studi Beppe Fenoglio einen Spazio Gallizio mit der Installation »Anticamera della morte« ein, eine Art Testament und Autobiographie. Dies ist der Ausgangspunkt für die Tour auf den Spuren des Künstlers: Das Bild »Il lichene spregiudicato« im Saal des Kommunalrats neben den Gemälden von Macrino d'Alba und Mattia Preti; »La notte etrusca« im Teatro Sociale; das Diptychon »Le fabbriche del vento« im Cortile della Maddalena.

Adresse Spazio Gallizio bei der Associazione Centro Studi di Letteratura, Storia, Arte e Cultura Beppe Fenoglio onlus, Piazza Rossetti 2, 12051 Alba (CN) | Anfahrt A 6 Turin–Savona, Ausfahrt Carmagnola, dann weiter nach Alba | Öffnungszeiten Di–Fr 15–18 Uhr, Sa, So 14.30–18.30 Uhr, www.centrostudibeppefenoglio.it | Tipp Das Centro Studi Beppe Fenoglio ist ebenfalls faszinierend, um im Geburtshaus des Schriftstellers in seinen Werken zu forschen. Daneben ist die Bibliothek, Datenbank und das Museum der Resistenza. In der Libreria Milton kann man Fenoglios Werke erstehen (Via E. Pertinace 9c, Tel. 0173/293444).

5 Sferisterio und pallapugno

Hier schwärmt man für antike Sportarten

Es gibt kaum etwas Drögeres, als Nichteingeweihten die Regeln von Sportarten oder Spielen zu erläutern, langweilig für den Erklärenden und für die Zuhörer, die verzweifelt versuchen, die fundamentalen Einzelheiten zu erfassen, die ihnen unweigerlich entgehen.

Wir vermeiden daher an dieser Stelle, die Regeln des *pallapugno* aufzulisten (früher bekannt als *pallone elastico*), das in der Gegend zwischen Basso Piemonte und Ligurien entstand und etwa so abläuft: Es gibt zwei Mannschaften, bestehend aus vier Spielern, die sich auf einem circa 90 Meter langen und 16 bis 18 Meter breiten Feld namens *sferisterio* miteinander messen, das manchmal auf einer der Langseiten durch eine Mauer begrenzt wird, auf der sich ein Netz befindet. Gespielt wird mit einem circa zehn Zentimeter dicken Ball, der mit der Faust zu schlagen ist (die zuvor vorsorglich bandagiert wird, um Splatter-Szenen zu vermeiden). Das Spiel endet, wenn eine der Mannschaften die elf »giochi« (Sätze) gewinnt. Hauptziel ist es, den Ball über die Grundlinie des gegnerischen Feldes zu bringen.

Der Sport, der hier im Süden des Piemonts selbstverständlich gepflegt wird, ist im Rest der Welt nahezu unbekannt. Aber hat man erst einmal angefangen, kann man nicht mehr aufhören. Dann wird *pallapugno* zur echten Leidenschaft. Alba besitzt das vielleicht namhafteste *sferisterio* dieser Gegend, das 1857 eröffnet wurde und heute ein gerne besuchter Ort der Stadtgemeinschaft ist, in dem man sich trifft, um die eigene Mannschaft bei den Spielen der jährlichen Meisterschaften auf herzzerreißende Art anzufeuern. Ein *pallapugno*-Match ist eine Erfahrung, die man einmal im Leben machen sollte, angefüllt mit einer uralten Faszination, die die Geschichte und die Vergangenheit dieser Orte in sich begreift. Der »*Tifo*« für die Mannschaften dieser Breiten (von Canale bis Castagnole Lanze und Diano d'Alba) lässt sich nicht von der Geschichte ihres Ursprungsortes lösen, was uns Menschen aus der Stadt immer faszinieren wird.

Adresse Sferisterio Alessandro Mermet, Via Enrico Toti, 12051 Alba (CN) | Anfahrt A 6 Turin – Savona, Ausfahrt Carmagnola, dann weiter nach Alba. Das *sferisterio* liegt ganz nahe zum Bahnhof | Öffnungszeiten für die Heimspiele und den Terminkalender siehe www.losferisterio.it | Tipp Genügt Ihnen der Sport nicht, haben Sie auf dem Alba Music Festival (www.albamusicfestival.com) von Ende Mai bis Anfang Juni Gelegenheit, klassischer Musik zu lauschen.

6 Das unterirdische Alba

2.000 Jahre Untergrund-Geschichte

Die Stadt Alba, die in ihrem Namen Vorstellungen des rosafarbenen Himmels am Morgen erweckt, hieß zu römischen Zeiten Alba Pompeia, worin die keltisch-ligurische Wurzel »alb« (Wasser) ebenso wie das ähnliche lateinische »albus« (weiß, hell) anklingt, aus der das heutige italienische Wort »alba« (Morgenröte) abgeleitet ist. Heute in der ganzen Welt allein durch das hier ansässige und expandierende Unternehmen Ferrero bekannt, besitzt die Stadt jedoch eine reiche Geschichte, die größtenteils unterirdisch verläuft, da die neue Stadt, wie so oft im alten Italien, auf der antiken erbaut wurde. Im Gegensatz zu vielen anderen Städten kann man sie in Alba besichtigen.

Überall im Zentrum machen Schilder auf das unterirdische und oberirdische alte Alba aufmerksam. Bei jeder der interessanten Touren ist ein Archäologe präsent, der den Gästen die beeindruckenden antiken Stadtmauern, das alte Straßenpflaster, die Kanalisation sowie die Reste einer *domus* mit vielen Mosaiken zeigt. Die Wege folgen dabei dem kreisförmigen Perimeter, das der einstigen Stadtmauer entspricht.

Der Verein *Ambiente & Cultura*, der dieses verdienstvolle Projekt betreut, umfasst Jungakademiker und Studierende, die zum Großteil den kommunal geförderten Kurs zur Ausbildung professioneller Fremdenführer des historischen Museums Federico Eusebio belegen.

Ziel des Vereins ist es, die Bürger zu Beteiligung und Engagement für das kulturelle Erbe der Gegend zu motivieren und zusammen mit ihnen die Region aufzuwerten.

Am Ende des Rundgangs meldet sich der Hunger, aber die Besucher müssen nicht zurück zur Oberfläche steigen, denn auf halbem Weg des archäologischen Rundgangs lädt das unterirdische Restaurant Hostaria Museum zu Speis und Trank. Es liegt in der Via Cavour 10, 300 Meter vom Museo Eusebio entfernt, dem Schlusspunkt der Tour.

Adresse Alba Sotterranea beim Museo Federico Eusebio, Via Vittorio Emanuele 19, 12051 Alba (CN) | **Anfahrt** A 6 Turin – Savona Ausfahrt Carmagnola, dann weiter nach Alba | **Öffnungszeiten** Führungen jeden zweiten und vierten Sonntag 15 und 16 Uhr, jeden dritten Samstag 10.30 Uhr, www.ambientecultura.it | **Tipp** Ferrero steht in Alba nicht nur für Nutella, sondern auch für vielfältige kulturelle Aktivitäten und international beachtete Ausstellungen. Einen Einblick bekommt man im 1996 eröffneten Sitz der Fondazione Piera, Pietro e Giovanni Ferrero (Via Vivaro 49, www.fondazioneferrero.it), wo Dienstleistungen und Aktivitäten für pensionierte Angestellte und die Bürgerschaft (von Sport bis Kino) angeboten werden sowie internationale Ausstellungen stattfinden.

7__Das Museum der Korkenzieher

Die Tausend Arten des Flaschenöffnens

Manche Menschen hegen interessante Marotten, zum Beispiel ein Museum rund um ihr Lieblingsobjekt zu besuchen. Das Museum der Korkenzieher erfüllt diese Vorgaben zur Gänze und ermöglicht allen Besuchern, sich in eine Parallelwelt, nämlich die der Korkenzieher, zu begeben.

Wer hat nicht wenigstens einmal im Leben einen Korken herausziehen wollen und dabei gedacht: »Gibt es keine praktischeren Korkenzieher als meinen?« Unter den 600 ausgestellten Exemplaren aus der ganzen Welt, einige sogar aus dem 17. Jahrhundert, sollten Sie Ihren Liebling finden können. Das Museum ist in 19 Abteilungen aufgeteilt, die die Geburt und Werdung eines der einfachsten und gleichzeitig kompliziertesten, oft technologisch gewagten Gerätes erzählen, ohne das niemand von uns leben könnte (mit Ausnahme der Abstinenzler). In Ermangelung der praktischen Utensilien, die ihm heute zur Verfügung stehen, bedient sich das menschliche Wesen manchmal Ersatzgeräten, aber stellen Sie sich mal vor, einen Korkenzieher ersetzen zu müssen! Man kann einen Säbel nutzen, wenn man einen hat, und auf einer *terrasse* in Cannes oder Porto Cervo steht; in den eigenen vier Wänden wird die Sache schwieriger, sehnsüchtig und bittend starrt man auf den Flaschenhals, verzweifelt nach der einen genialen Idee suchend, um den (dann) verhassten Korken herauszuholen. Schließlich kapituliert man und belästigt den Nachbarn mit der immer gleichen Frage: »Haben Sie einen Korkenzieher?« und kehrt glücklich nach Hause zurück.

Das Museum der Korkenzieher (*cavatappi* auf Italienisch) ist der Beweis, dass jeder von uns ein Fetischist dieses genialen Werkzeugs ist, war oder wenigstens einmal im Leben sein wird. Sicher wird man es beim Betreten dieser 2006 eröffneten Säle, die von Danilo Manassero und Massimo Ravera in einem alten Weinkeller neben dem Stadtschloss von Barolo gestaltet wurden.

Adresse Piazza Castello 4, 12060 Barolo (CN) | **Anfahrt** auf der A 33 Asti–Cuneo bei Cherasco ausfahren, die SP 12 in Richtung Monchiero und Dogliani einschlagen, dann links auf die SP 3 bis Barolo. Das Auto an den ausgeschilderten Parkplätzen lassen und das Zentrum zu Fuß durchqueren. | **Öffnungszeiten** jeden Tag, auch an Feiertagen (Do geschlossen), 10 13 und 14–18.30 Uhr geöffnet, Tel. 0173/560539, www.museodeicavatappi.it | **Tipp** Machen Sie einen architektonischen Rundgang durch die Weinkeller in Barolo in den Keller von Giuseppe Rinaldi (Via Monforte 3), eine Hommage an Beppe »Citrico« Rinaldi, einer großen Persönlichkeit des italienischen Weins.

8__Wein-Architektur 1

Kellereien und Bauernhöfe von Amabile Drocco bis Boroli

Langhe, Roero und Monferrato sind Gebiete voller Geschichten von Land, Arbeit, den Winzern, alten Anbauformen und neuen Technologien, Hingabe für die Heimat und internationaler Perspektiven. Es sind aber vor allem die Geschichten von Menschen, manchmal auch Persönlichkeiten. Wie zum Beispiel der Winzer Bartolo Mascarello, der es auch mit Slogans auf seinen Flaschen wie »*No barrique, no Berlusconi*« zu Berühmtheit gebracht hat (die tatsächlich als philosophische Synthese gar nicht schlecht ist). Aber im Grunde sind diese so produktiven und aktiven Regionen auch Orte, an denen, gegen jedes »piemontesische Understatement« und Ethik der reinen Arbeit (oder der schlichten Sparsamkeit), auch das Erscheinungsbild mehr zählt. So sprießen neue und immer gewagtere Betriebe und Weinkeller hervor, die die neue Rolle der Architektur (einer qualitativ hochwertigen, das jedenfalls ist das Ziel) als Anziehungspunkt des anspruchsvollen Tourismus bezeugen.

Dazu gehört der Ausbau der Cascina Adelaide des Winzers Amabile Drocco, ein Projekt von Archicura (2006–2016). Es handelt sich um ein »hypogäisches« Gebäude, wie die Baumeister sagen, also unterirdisch, oder wie der Planer Paolo Dellapiana sagt, »eine neue Architektur unter einer grünen Decke in einer geheimnisvollen Düsternis, in einer Erdschicht zwischen Himmel und den Wurzeln der Weinberge«. Der Ort ist bezaubernd, die Cantine respektvoll und originell gehalten.

In Castiglione Falletto wurde die Cantina La Brunella von Guido Boroli (2005–2006) entworfen, dem zweitgeborenen der vier Brüder, die Eigentümer des Betriebs sind. Auch in diesem Fall handelt es sich nicht um einen reinen Neubau, sondern um einen Anbau an einen seit dem 18. Jahrhundert bestehenden Hof, der ausschließlich der Herstellung und Verfeinerung des Barolos dient. Die Hommage an die historischen *crus* kann man schon an der Fassade ablesen, die mit Eichenholz aus den Barrique-Fässern für die Reifung des hiesigen Barolos verkleidet ist.

Adresse Cascina Adelaide di Amabile Drocco, Via Aie Sottane 14, 12060 Barolo (CN); Cantina La Brunella, Barolo Boroli, Via Brunella 4, 12060 Castiglione Falletto (CN) | **Anfahrt** SP 3 nach Alba, beide Orte liegen zehn Minuten Fahrzeit auseinander: Die Cascina Adelaide liegt zu Füßen der Burg von Barolo, La Brunella ist in den Weinbergen gleich außerhalb des alten Kerns von Castiglione Falletto aufgehoben. | **Öffnungszeiten** Cascina Adelaide: www.cascinaadelaide.com, Tel. 0173/560503; Cantina La Brunella: www.boroli.it, Tel. 0173/62927 | **Tipp** Das Hotel Le Torri (Via Roma 29, Tel. 0173/62961) in Castiglione Falletto ist ein schlichter, gepflegter Ort mit herrlichem Ausblick. In Barolo empfehlen wir eine Mahlzeit mitten im Zentrum bei La Cantinetta (Via Roma 33, Tel. 0173/56198) und Brezza (Via Lomondo 2, Tel. 0173/56354).

9_ Wein-Architektur 2

Pop-Kellerei und Bauernweisheit

Manch einer hat sich gewundert, andere fanden es lustig – auf jeden Fall ist das Ziel der Besitzerin aufgegangen, Aufmerksamkeit auf sich zu ziehen. Ein sehr »poppiges« Projekt zugegeben, das man mit einer Dosis Ironie und kreativer Verrücktheit nehmen muss und das 2010 von Gianni Arnaudo entworfen und von Sandra Vezza für ihre Kellerei namens »*L'Astemia Pentita*« (»Die reuige Abstinenzlerin«) (im oberen Foto) realisiert wurde. Abstinenz? Hier im Herzen der Barolo-Hügel, wo Verächter eines der edelsten Weine der Welt schief angesehen werden, konnte sie ihre Wahl wohl nur rückgängig machen. Uns hat die Leichtigkeit, ja die Kühnheit angezogen, mit der dieses Gebäude im heiligsten Tempel der piemontesischen Weinanbaugebiete angelegt wurde: dem Hügel von Cannubi. Denn Signora Vezza war nicht nur Abstinenzlerin, sondern hatte sich zuvor auch nie mit Weinen beschäftigt (der Familienbetrieb produziert Rindergelatine). Heute stellt sie Wein her und verkauft ihn in ihrer Kellerei mit 400 Quadratmetern einsehbarer Außenfläche, sowie weiteren 4.000 Quadratmetern unterhalb des Hügels. Die Gebäudeform ist ein Zitat (nein, eine detailgetreue Nachbildung) der Holzkisten zur Verpackung der Flaschen: eine Hommage an das Behältnis.

Die Pop-Note liegt in der Familie. Sohn Charley Vezza ist Eigentümer der Gufram (mit Sitz wiederum in Barolo), dem legendären Unternehmen mit Designikonen wie Cactus von Guido Drocco und Franco Mello oder Bocca Pink Lady Studio65 im Design von Arnaudo. Dem Architekten und Designer verdanken wir außerdem noch das Projekt der nahen Cantina Terre da Vino – Vite Colte (auf dem unteren Foto), die 2000 eröffnet wurde und den typischen Hof der Langhe in einer zeitgenössischen Formensprache interpretiert (dazu gehören etwa ein gewagter Steg, auf dem man in luftiger Höhe die verschiedenen Fertigungsstadien bewundern kann). Einige Fassaden erinnern an den traditionellen »Maiskolbenteppich«, die in den Tennen zum Trocknen auslagen. Keine Mimesis, sondern Integration in die Geschichte dieser Orte und eine Verbeugung vor der Weisheit der Bauern.

Adresse L'Astemia Pentita, Via Crosia 40, 12060 Barolo (CN); Cantina Terre da Vino – Vite Colte, Via Bergesia 6, 12060 Barolo (CN) | **Anfahrt** auf der SP 3 zwischen Grinzane Cavour und Barolo | **Öffnungszeiten** Besichtigungen nach Vereinbarung. L'Astemia Pentita: www.astemiapentita.it, Tel. 0173/560501; Cantina Terre da Vino-Vite Colte: www.terredavino.it und www.vitecolte.it, Tel. 0173/560022 | **Tipp** Nach so viel zeitgenössischer Architektur kann ein wenig Malerei aus Gotik und lokaler Renaissance nur gut tun. In Macrino d'Alba finden Sie diese im Palazzo Municipale und in Alba in der Kirche San Giovanni Battista; in Asti dominiert Galdolfino da Roreto im Dom (vier Werke, darunter das Polyptychon Pelletta), in der Stiftskirche von San Secondo und in Santa Maria Nuova. Näher liegt die Burg von Serralunga d'Alba (Tel. 0173/613358, www.castellodiserralunga.it).

10 WiMu Wine Museum

Die Exegese des Barolos und seine Erfinder

Über das Essen wird in Italien und im Piemont im Speziellen gerne und viel geredet (vermeiden Sie es, in dieser Gegend von »food« zu reden, man wird es Ihnen verübeln). Mindestens genauso viel Wertschätzung erfahren in den Langhe Weine und Rebstöcke. Lange vor der explosionsartigen Ausbreitung von Chefs, Food Design und Önogastronomie repräsentierten die Traditionen dieses Landstrichs und seiner heimischen Erzeugnisse bereits eine jahrhundertealte und alltägliche Realität. Besonders die Weine dieser vor allem vom internationalen Tourismus überrollten Region besitzen häufig eine faszinierende Geschichte. Auf den Bergrücken zwischen Barolo, Barbaresco und Verduno, häufig in uralten und prächtigen Burgen, haben große Menschen (mutige, erfinderische Önologen und Unternehmen, oft Adlige, die keineswegs den Müßiggang pflegten) Rebstöcke eingeführt, mit ihnen experimentiert und neue Weine erfunden.

Zu den faszinierendsten und erfolgreichsten Geschichten zählt die des Barolos und seiner Erfinder, nämlich der Marchesen, des Ehepaars Falletti di Barolo, die viele Interessen und Tätigkeiten auf sich vereinten. Er, Tancredi, war Dekurio der Stadt Turin. Sie, Juliette Colbert, ursprünglich aus der französischen Vendée, Urenkelin des Finanzministers unter Louis XIV. und bekannt als Giulia di Barolo, war die tatkräftige Gründerin von in Turin noch bestehenden Schulen und Instituten für vereinsamte Frauen. Zusammen nahmen sie in ihrem Anwesen Persönlichkeiten wie den Patrioten Silvio Pellico auf, der ihr Bibliothekar wurde. Sie erfanden den Barolo und legten vor 150 Jahren die Grundlage für den Ruhm und den ökonomischen Erfolg eines Großteils des Piemont. Dies und viele andere hochinteressante Begebenheiten rund um den Wein erzählt das WiMu, das Wine Museum, das im Schloss der Marchesen untergebracht ist. Zuständig für die museumstechnische Umsetzung ist ein Meister seines Fachs, nämlich der Architekt und Bühnenbildner François Confino zusammen mit Marida Cravetto und Federica Pagella, die ihr Können bereits in zwei Turiner Museen, dem Kino- und dem Automuseum, unter Beweis stellen konnten.

Adresse WiMu Museo del Vino, Castello Comunale Falletti di Barolo, Piazza Falletti, 12060 Barolo (CN) | **Anfahrt** von der A 33 Asti–Cuneo bei Cherasco abfahren, die SP 12 in Richtung Monchiero und Dogliani weiterfahren, dann links auf die SP 3 bis Barolo, die ausgeschilderten Parkplätze nutzen und das Zentrum zu Fuß durchqueren | **Öffnungszeiten** täglich 10.30–19 Uhr (für Infos und Reservierungen: www.wimubarolo.it) | **Tipp** Viele Spezialitäten bietet die Panetteria Cravero (Via Roma 63, Tel. 0173/56134), darunter die *tajarin* der Langhe, aber auch handgedrehte Grissini, die zu den Käse- und Wurstsorten genossen werden (letztere in der nahen Fleischerei Sandrone Franco, in Via Roma 41 kaufen).

11 Fresken in San Fiorenzo

Dämonen und höfisches Leben in der Biblia pauperum

Eingebettet in die Hügel um Bastia Mondovì, dem Tor der Langhe zum Monregalese, ist die Kirche von San Fiorenzo ein echter versteckter Schatz. Ihr Äußeres ist bescheiden, wie die meisten der Landkirchen dieser Gegend. Aber in ihrem Inneren wartet die Überraschung: 346 Quadratmeter an Fresken, der größte Zyklus des 15. Jahrhunderts im Piemont. Es handelt sich um eine *Biblia pauperum*, die wie jeder »visuelle Katechismus« des christlichen Mittelalters den damals meist analphabetischen Gläubigen durch mitreißende und so lebendige wie farbenfrohe Bilder Szenen aus den Evangelien und dem Leben von Heiligen erzählt.

Die Kirche selbst ist dem Heiligen Fiorenzo geweiht, einem Soldaten der Thebaischen Legion, der als Märtyrer auf Geheiß der Kaiser Diokletian und Maximian 297 geköpft und hier begraben wurde. Erst im 15. Jahrhundert erhielt die Kirche dank des Adligen Bonifacio della Torre ihre heutige Form, dessen Wirken als Mäzen in einer gut sichtbaren Inschrift erinnert wird. Tauchen Sie in die Szenen ein, einem wahrhaftigen Triumph der internationalen Gotik und des höfischen Lebens mit seinen prächtigen Kleidern, der Architektur und detailreichen Landschaften, die den engen Austausch zwischen dem Monregalese, der Provence und der internationalen Hochkultur des 15. Jahrhunderts über die Salzstraße der Seealpen bezeugen.

Auf der Gegenfassade erkennt man unter den Kindheitsgeschichten Jesu eine sehr elegante Jungfrau bei der Trauung. Aber auch an Volksszenen mangelt es nicht, denen häufig den Gläubigen der Zeit wohlbekannte theatralische Aufführungen unterliegen. So sieht man Joseph, der nach der Geburt Christi zu Abend isst, den Pflug beim Kornwunder, die Karikaturen der Hohenpriester sowie die Rüstungen der Soldaten bei der Passion auf der linken Wand. Nicht übersehen sollte man den Selbstmord des Judas, dem der Teufel die Seele aus den Eingeweiden reißt, das Leben des Heiligen Fiorenzo, das Himmlische Jerusalem und den Ritt der Laster. Die Hölle ist als wilde Bestie dargestellt, die *advocatores* und *procuratores* verschlingt.

Adresse Località San Fiorenzo, 12060 Bastia Mondovì (CN) | **Anfahrt** von der A 6 Turin – Savona bei Mondovì abfahren, dann auf die SS 12, nach Bastia Mondovì weiter in Richtung Niella Tanaro, am ersten Kreisverkehr rechts abbiegen | **Öffnungszeiten** April – Okt. So 15 – 19 Uhr (Führungen des Kulturvereins San Fiorenzo Onlus, www.sanfiorenzo.org) | **Tipp** Unweit von hier lässt sich die Kellerei des Landwirtschaftsbetriebs Bricco del Cucù besichtigen (Ortsteil Bricco 10, Bastia Mondovì, Tel. 331/7725290, www.briccocucu.com). Ein familiäres Ambiente und Verkostungen von Weinen mit Dolcetto-Trauben, der für diese Gegend der Langhe charakteristischen Rebe, erwarten Sie.

12 Die Gedenkstätte von San Bernardo

Dem Gedenken des Partisanenkampfes gewidmet

Die Gedenkstätte von San Bernardo wurde zwischen 1947 und 1951 angelegt und ist ein Ort der vielen Erinnerungen, erzählt er doch von Begebenheiten, die in diesem Landstrich noch sehr lebendig sind: So wurde sie auch in der unmittelbaren Nachkriegszeit mit den Mitteln verschiedener Körperschaften und der tatkräftigen Hilfe vieler Freiwilliger auf dem höchsten Hügel der Gegend mit weitem Blick errichtet, wo bereits eine Grundschule und eine kleine Kapelle standen. Zur Gedenkstätte gehört ein Beinhaus auf dem Kirchplatz, in dem die sterblichen Überreste von acht Partisanen aufbewahrt werden.

Die zum Monument führende Kiesallee wird von Gedenktafeln gesäumt, auf denen die Namen Tausender Gefallener im Befreiungskampf von 1943 bis 1945 zu lesen sind, die in den Tälern Casotto, Corsaglia, Ellero und den gesamten Langhe ihr Leben verloren haben. Sie ist dem ersten Gruppo Divisione Alpine der italienischen Resistenza gewidmet und wurde am 14. Oktober vom damaligen Ministerpräsidenten Alcide De Gasperi eingeweiht. Das gesamte Basso Piemonte war Schauplatz blutiger Partisanenkämpfe und der antifaschistischen *Resistenza* gegen die Besatzung durch die deutsche Wehrmacht und bewahrt wichtige Zeugnisse, auch literarischer Art.

Im Laufe Ihrer Ausflüge zwischen Langhe, Roero und Monferrato ist es sicherlich keine schlechte Idee, ein Buch von Cesare Pavese, Beppe Fenoglio, Giovanni Arpino, Nuto Revelli oder Davide Lajolo dabei zu haben, den bedeutendsten Dichtern dieser Breiten und der schweren Jahre zwischen Faschismus und Befreiungskampf. Neben der berührenden, aufrüttelnden und häufig auch hochklassigen Lektüre dieser Werke werden sie Ihnen auch unvermutete Schlüssel an die Hand geben, diese Gegend jenseits der abgedroschenen Phrasen besser und eingehender zu verstehen. Lesend werden Ihnen die vielen Facetten dieses Landstrichs aufgehen, den man unmöglich auf seine Küche und seinen Wein reduzieren darf.

Adresse SP 126 49, 12060 Bastia Mondovì (CN) | **Anfahrt** von der E 717 Turin–Savona bei Mondovì abfahren, dann auf die SS 12 bis Bastia Mondovì; von dort aus die Via Sorresi / SP 126 einschlagen und 4,5 Kilometer fahren, bis rechts die Gedenkstätte (Sacrario) liegt | **Öffnungszeiten** Aussichtspunkt immer geöffnet, für Infos und Veranstaltungskalender: www.sacrariosanbernardo.it | **Tipp** Auf den Hügeln von Cigliè in Richtung des Herzens der Langhe, ruht im Schatten der mittelalterlichen Burg der Agriturismo All'Ombra del Castello (Via Molino 60, www.allombradelcastello.com, Tel. 0174/60143), wo man in familiärer Atmosphäre nächtigt.

13 Künstlerische Aushängeschilder

Im Dorf der Rosen

Bossolasco, ein kleines Zentrum der Langhe, ist für zwei Dinge bekannt: für Rosen und kunstvolle Ladenschilder. Aber vielleicht sollten wir an dieser Stelle ein wenig ausholen. Die Rose ist Symbol dieses urigen Dorfes, das sich auch Dorf der Rosen nennt und neben seiner Schönheit eine ähnliche Geschichte wie seine Umgebung aufweist (Ortskern auf der Hügelspitze, weite Felder und Weinberge und eine Lebensqualität, von der wir Städter nur träumen), wäre nicht eine Gruppe bekannter Künstler gewesen, die hier gearbeitet und ihr Zuhause gefunden haben. Von den 1950er bis in die 1960er Jahre lebten hier nämlich einige heute gefeierte Turiner Maler wie Francesco Menzio, Enrico Paolucci und Gigi Chessa, die Bossolasco als Ruhepol und Ort des künstlerischen Schaffens erwählten.

Zu Ehren des Ortes, der ihnen über lange Zeit Gastfreundschaft schenkte, schufen die Maler 1960 für die Geschäfte und Werkstätten 28 Aushängeschilder. Neben den oben genannten nahmen die Künstler Daphne Maugham (Ehefrau von Felice Casorati), Francesco Casorati (Sohn von Felice), Francesco Tabusso, Mario Calandri, Romano Campagnoli, Eso Peluzzi, Giorgio Ramella und Irene Invrea teil.

Leider sind heute nur noch 13 im Vereinshaus der Berggemeinschaft (Comunità Montana) und im Rathaus erhalten. Aber die Gemeinde Bossolasco hat beschlossen, das Gedächtnis an diese wichtige Epoche ihrer Geschichte zu bewahren und daher ausgezeichnete Kopien angefertigt, die erneut das Straßenbild zieren. Die Originale im Rathaussaal, die auf diese Weise vor Witterung und dem Zahn der Zeit geschützt sind, sind bewundernswert, ein origineller Schatz von historisch-künstlerischem Wert an einem Ort, wo man es nicht erwartet. Ein Spaziergang durch den Ort mit seinen Rosen, die überall hervorsprießen, ist höchst angenehm und wird jeden Städter dazu bringen, sich Fragen zu den Vorteilen über das Leben in den Metropolen oder auf dem Land zu stellen. Wir haben die Antwort noch nicht gefunden.

Adresse Comunità Montana e Comune di Bossolasco, Piazza Oberto 1 e 2, 12060 Bossolasco (CN) | **Anfahrt** E 717 bis Marene, dann auf der A 33 nach Cherasco und weiter auf der SP 12, dann auf der SP 661, dann auf der SP 56 nach Bossolasco | **Öffnungszeiten** Infos erteilt die Gemeinde unter Tel. 0173/799009 | **Tipp** Da Fabiana (Frazione Bossolaschetto 12, Tel. 333/4562383) ist sowohl Trattoria wie Zimmervermietung. Die Überraschung: Die Küche ist auf sardische Köstlichkeiten spezialisiert, einschließlich Spanferkel. Wir empfehlen: Ein Abendessen mit einer Flasche Cannonau und dann schön ausschlafen …

14 Perlwein im Tuffstein

Die »unterirdischen Kathedralen«

Canelli ist die Hauptstadt des Perlweins und rundherum um das Castello Gancia, das dieses Städtchen zwischen Astigiano und Langhe beherrscht, sind die bekanntesten Hersteller wie Bosca, Contratto, Coppo und Gancia zu finden. Viele von ihnen sind auch die historischen Eigentümer der »unterirdischen Kathedralen«, die Kandidaten für das UNESCO-Kulturerbe und heute in vielen Fällen zu besichtigen sind.

Die kilometerlangen Tunnel aus »Tuffstein« wurden zwischen dem 16. und 19. Jahrhundert angelegt und bieten konstante Temperatur und Feuchtigkeit, optimale Bedingungen für die Aufbewahrung von edlen Weinen und Schaumweinen also.

Die von Giuseppe Contratto 1867 gegründeten Cantine Contratto gehören zu den ältesten Herstellern von Schaumwein in Italien: Ihr Contratto Extra Brut von 1919 nach traditioneller Methode war der erste Jahrgangsschaumwein. Die historischen Kellereien sind heute noch faszinierende Bauwerke unterhalb des über Canello thronenden Hügels, reichen auf über 5.000 Quadratmeter bis zu 32 Meter tief in den Tuffstein, werden von gewagten Gewölben aus Backstein gestützt und garantieren eine konstante und natürliche Temperatur von 13 Grad Celsius. Zu einer Besichtigung gehört selbstverständlich auch eine Verkostung von Weinen und Wermut, aber vor allem können die Besucher die historische und die Jugendstil-Architektur, die Gärten, den Innenhof mit Museum mit den alten Gerätschaften und das Tunnel-Museum mit den Zeugnissen der Geschichte der Casa Contratto und ihren schönen Werbekampagnen bewundern.

Auch die nahen Cantine Coppo erstrecken sich unterirdisch auf 5.000 Quadratmeter und erreichen eine Tiefe von gar 40 Metern. Der 1892 von Piero Coppi gegründete Betrieb gehört noch immer derselben Familie. Treten Sie nach der Besichtigung in die Frische des Gartens der Jugendstilvilla ein, die Piero 1913 bei seiner Hochzeit mit Clelia konstruieren ließ.

Adresse Contratto, Via G.B. Giuliani 56; Coppo, Via Alba 68, 14053 Canelli (AT) | **Anfahrt** Ausfahrt Canelli von der Autobahn A 33 Asti–Alba–Cuneo nehmen, weiter auf der SP 456 Richtung Nizza Monferrato, dann auf die SP 39 und SP 41 Richtung Canelli bis zum Ortseingang, bequeme Parkmöglichkeiten | **Öffnungszeiten** Contratto: Besichtigungen und Weinproben jeden Tag nach Vereinbarung (www.contratto.it, Tel. 0141/823349); Coppo: Besichtigungen und Weinproben an sieben Standorten und in drei verschiedenen Arten, jeden Tag nach Vereinbarung (www.coppo.it, Tel. 0141/823146) | **Tipp** Familie Rivetti, die die Contratto übernommen hat, ist auch angestammte Eigentümerin der Kellerei La Spinetta, die 1977 in Castagnole delle Lanze gegründet wurde (Via Annunziata 17, www.la-spinetta.com).

15__Der Bue Grasso

Fleischtopf zum Frühstück

Sie sind echte Celebritys, die auf Instagram gepostet werden, denn wie in jedem großen Wettbewerb beanspruchen sie Ruhm und mehr. Aber im Unterschied zur Miss Universum tragen sie keine Krönchen und haben kein Zepter in der Hand, sondern Schabracken, die die Messe des Bue Grasso (Fetten Ochsen) von Carrù auszeichnen. Auf dieser jährlich stattfindenden Veranstaltung wird nicht nur das schönste Vieh prämiert (früher wurden die Ochsen auch durch die Straßen des Ortes geführt, heute nicht mehr), sondern man nutzt die Gelegenheit auch, um gemeinsam piemontesisches Bollito zu speisen, eine Art nationales Monument der kulinarischen Tradition Italiens. Das Gericht ist sehr einfach (eine Art Fleischtopf), die Zubereitung aber ist langwierig und benötigt viel Geduld. Noch heute wird Bollito im Piemont im Familienkreis am Sonntag gegessen, wenn man mehr Zeit hat, es zu kochen und zu genießen.

Das Rezept des »Bollito Misto alla Piemontese« erscheint zum ersten Mal 1887 in der Küchenbibel der Zeit, »Cucina borghese. Semplice ed economica« (»Bürgerliche Küche, einfach und preiswert«), während der »Gran Bollito« (der königliche Fleischtopf, den Vittorio Emanuele II. so gerne aß) der berühmten »Regel der Sieben« unterliegt. Für ihn sind nämlich sieben Schnitte erforderlich: Filet, Rindermark, Keulenmuskel, Keule, Schulter, *Fiocco di punta* (Stücke von der Brust) sowie *Cappello del prete* (Bug, Blatt), während man in separaten Töpfen die sieben *Ornamenti* (Verzierungen) zubereitet: Den Kalbskopf inklusive Schnauze, Zunge, Hufe, Schwanz, Huhn, Schwarte und Rollbraten.

Es ist uns bewusst, dass der Bollito Misto in einer Welt der *political correctness* viele die Nase rümpfen lässt, aber die beiden Autoren (große Liebhaber dieses Gerichts) sind verrückt danach und haben daher beschlossen, es hier aufzunehmen. Tierliebhaber und Veganer mögen uns verzeihen. Auf der Fiera del Bue Grasso, die jeden zweiten Donnerstag im Dezember ausgerichtet wird, kann man ihn übrigens zu jeder Zeit speisen, sogar zum Frühstück (wie es viele tun) …

Adresse 12061 Carrù (CN) | Anfahrt von der E 717 bei Ausfahrt Carrù abfahren, dann zum Zentrum des Ortes weiterfahren | Öffnungszeiten Infos zu Daten und Orte der Messe erfahren Sie bei der Associazione Turistica Pro Loco Carrù, Via Pippo Vacchetti 10, 12061 Carrù (CN), www.prolococarru.it | Tipp Die Osteria del Borgo (Via Garibaldi 19, Tel. 0173/759184, www.osteriaborgo.it) ist eine echte Institution, nicht umsonst nennt man sie »das Haus des Gran bollito misto«. Auch Bioprodukte gibt es hier, nämlich in der Salumeria Chiapella (Via Mazzini 1, Carrù, Tel. 0173/75144). Unbedingt probieren: die Salame al Barolo sowie Trüffel und Filet al Barolo.

16 Die beste Haselnuss der Welt

Altalanga, alles Bio und Buono

Wer weiß, ob sie wirklich die beste der Welt ist. Sie sagen es, und wir glauben ihnen. Immer mehr Haselnusssträucher bevölkern die Alta Langa und es gibt sogar ein Konsortium für den Schutz der Piemontesischen Haselnuss. Zuletzt fehlte noch ein klangvoller Name, ein Meisterwerk des Werbesprechs: »runde edle Haselnuss« mit dem wissenschaftlichen Zusatz »dreilappig« (da der Name »runde edle Haselnuss der Langhe« bereits seit den 1950er Jahren in Argentinien, den Niederlanden und sogar in Rumänien registriert ist! Die Macht der Marke …). All dies sagt schon einiges über eines der nobelsten, am meisten bewunderten, verkauften und vor allem verspeisten Erzeugnisse des Piemonts aus. Zum Beispiel als Zutat in den Langhe wie in Roero und Monferrato für Kuchen (aber strengstens ohne Mehl), Baci di dama, *brut e bun*, Nougatcremes zum Schmieren und so vieles mehr. Uns zum Beispiel haben es die typischen Sardellen in Salz überzogen mit einer Creme aus Haselnusskörnern besonders angetan.

Auf den Hügeln von Cerretto Langhe und Umgebung liegen die Haselnussplantagen des Landwirtschaftsbetriebs Altalanga in 500 bis 700 Metern Höhe. Gegründet wurde er 2013 von Gian Franco Cavalotto und einer Gruppe von Liebhabern aus allen Berufen mit einfachen, aber ehrgeizigen Ideen: »Zuerst werden wir für den Schutz des Territoriums und seiner edelsten Frucht, der Nocciola Piemonte IGP, sorgen. Dann wählen wir ein Konzept für den biologischen Anbau und die Produktion, die Aroma, aber auch Lebensmittelsicherheit und Bekömmlichkeit garantieren.« Ihre Haselnüsse werden von den besten lokalen Gastronomen verwendet (sie gehören zu den Zutaten der Eisspezialitäten von Alberto Marchetti, einem der besten *Gelatieri* Turins) und ins Ausland verkauft, vor allem nach Deutschland. Im Gegensatz etwa zu den türkischen kosten sie zwar etwas mehr, garantieren aber einen weitaus größeren Ertrag und (ganz wichtig) werden nicht ranzig.

Adresse Noccioleti in der Umgebung von Cerreto Langhe, 12050 (CN); Altalanga Azienda Agricola, Verkaufstelle im Corso Italia 5, 12051 Alba (CN), www.altalangaaziendaagricola.it, Tel. 0173/262221 | **Anfahrt** nach Cerreto: von Alba die SP 429, dann die SP 32 in Richtung Rodello fahren; in Pedaggera weiter auf der SP 57, dann auf die SP 323 | **Tipp** Beschränken Sie sich nicht auf den Kauf der »runden Edlen«, sondern machen einen Spaziergang zwischen den Anbauflächen. In »La Casetta« in Cerretto Langhe (Ortsteil Cerretta) mit sieben Schlafplätzen sowie Pool, Terrasse und Barbecue kann übernachtet werden.

17_Das Museum der Zauberei

Wo alles auftaucht, um wieder zu verschwinden

Wenn wir an Cherasco denken, fallen uns viele verschiedene Dinge ein: sein berühmter Antiquitätenmarkt etwa, die Schönheit der Gassen und Palazzi und die Ausblicke auf die Berge, die Tatsache, dass es die italienische Hauptstadt der Schnecken ist (siehe Ort 20), und vielleicht erinnern wir uns sogar daran, dass hier der Waffenstillstand zwischen Napoleon und dem Königreich Sardinien unterzeichnet wurde (der darüber hinaus Nizza und Savoyen endgültig Frankreich zuschlug). Aber nie wären wir auf den Gedanken gekommen, hier in diesem Städtchen des Roero nach einem Museum der Zauberei zu suchen. Ja, Sie haben richtig gehört, kein Wein, keine Trüffel, keine geschichtsträchtigen Orte diesmal, sondern Zauberkunst.

Das Museum wurde online mit viereinhalb Sternen auf Google und Tripadvisor rezensiert (wie der Louvre). Das Museo della Magia hat aber nicht die Absicht, der Pariser Institution ihren Ruhm und ihre Kunstwerke streitig zu machen, wohl aber toppt es sie in Fragen wie Zauberstäbe und Zauberer, beim Verschwinden und Wiederauftauchenlassen von Gegenständen, sodass es mit seinen über 20.000 Besuchern pro Jahr in Europa als das wichtigste seiner Art gilt. Alles verdankt sich der Idee von Don Silvio Mantelli, einem salesianischen Geistlichen, besser bekannt unter dem Namen Mago (Magier) Sales, der erster Lehrer eines Verwandlungskünstlers wie Arturo Bracchetti war. Als waschechter Piemontese in Turin geboren und wohnhaft, gehört er heute zu den berühmtesten Vertretern seines Fachs.

Nachdem er die halbe Welt zum Staunen gebracht hatte, hat Don Silvio (oder Mago Sales) 2013 dieses Haus eröffnet, das sich als Museum versteht und darüber hinaus ein reichhaltiges Programm an Veranstaltungen und Aufführungen zu bieten hat. Sein Credo: Wir alle wollen fröhlich und von etwas verzaubert sein, das wir nicht verstehen und das uns wieder Kind sein lässt. Was Sie hier entdecken können, passt nicht auf diese Seiten: Steigen Sie ins Auto und kommen nach Cheraso, um einen wirklich einzigartigen Ort zu entdecken.

Adresse Via Cavour 33–35, 12062 Cherasco (CN) | **Anfahrt** auf der E 717, dann auf der A 33 bis Ausfahrt Cherasco, den Schildern zum Ortszentrum folgen | **Öffnungszeiten** in den Sommermonaten Sa 15–18 Uhr, So und Feiertage 9.30–13 und 14.30–18 Uhr, im Winter So 14.30–18 Uhr, www.museodellamagia.it, Tel. 0172/1908030 | **Tipp** Ein Spaziergang durch den Ort mit seinen geraden Straßen, rechtwinkligen Kreuzungen, prächtigen herrschaftlichen Palästen und schönen mittelalterlichen und barocken Kirchen lohnt. Informieren Sie sich, wann der Antiquitätenmarkt in der Altstadt stattfindet und verpassen Sie nicht die Baci di Cherasco der historischen Konditorei Barbero zu probieren (Via Vittorio Emanuele 74, Tel. 0172/488373).

18 Taricco im Museo Adriani

Die Gelehrsamkeit, die große Unbekannte

Die Gelehrsamkeit (italienisch *sapienza*) des Menschen ist eines jener Dinge, die in den letzten drei Jahrzehnten dramatisch außer Gebrauch gekommen ist. Man spricht nicht mehr davon, und die Gründe dafür liegen vor aller Augen. Das war noch nicht so, als Sebastiano Taricco (Cherasco 1641–Turin 1710) den Palazzo Brizio di Veglia mit Fresken ausschmückte, seinem absoluten Meisterwerk, in dem er der Darstellung der *sapienza* einen ganzen Saal widmete.

Das Erlebnis, das sich dem Besucher hier heute eröffnet, ist einzigartig und unwiederholbar, würdig eines Stendhal-Syndroms (Schwindel- und Ohnmachtgefühle inbegriffen). Natürlich ist der Fußboden des Museums Adriani (heute im Palazzo Brizio di Veglia) deshalb nicht mit regungslosen Körpern übersät, aber seien Sie gewiss, dass die Fresken mit ihrem herrlichen perspektivischen Säulengang, den Putten zwischen purpurnen Vorhängen und den Allegorien verschiedenster Art Sie stumm vor Staunen machen werden. Man fühlt sich ein wenig wie in der Palladio-Villa Barbaro in Maser (Treviso) vor den Fresken des Veronese. Neben der Gelehrsamkeit setzte sich Tarrico im Palast von Cherasco mit anderen künstlerischen Themen auseinander, wie etwa mit der »Offenbarung als Überwindung der Philosophie und ihrer menschlichen Begrenzungen« (auch diese scheint in der heutigen Welt vergessen zu sein) und dem Schlaf (der wenigstens noch Anhänger findet).

Der Palazzo Brizio di Veglia mit seinen illustrierten Sälen ist Sitz des Museo Adriani. Es trägt den Namen des Kunstsammlers und Mäzenaten mit großem Gemeinsinn (davon gab es im Italien des 19. Jahrhunderts einige) Giovan Battista Adriani, der seine Sammlung aus Münzen, Büchern und archäologischen Funden der Stadt Cherasco vermachte. Zu seinen Lebzeiten war die Sammlung in Regalen, Münzalben, Schränkchen und Schubladen aufgehoben, die das zukünftige Museum in ihrer Anordnung bereits vorwegnahmen, denn die Kollektion wird zur philologischen Bewahrung in der Originaleinrichtung aufbewahrt (nur wenig wurde verändert). Kompliment.

Adresse Museo Adriani, Via dell'Ospedale 40, 12062 Cherasco (CN) | Anfahrt die E 717 bis Marene/Cherasco fahren, dann auf die A 33 zwischen Asti und Alba bis Ausfahrt Cherasco | Öffnungszeiten März–Dez. an Sonn- und Feiertagen 9–12 und 15–18 Uhr. Gegen Reservierung, auch telefonisch, beim Ufficio della Cultura e del Turismo di Cherasco (Tel. 0172/427050) kann das Museum auch an anderen Tagen besichtigt werden. | Tipp Hochinteressant ist die Kirche San Pietro (Via S. Pietro 15) aus dem 13. Jahrhundert. In ihrer Fassade lässt sich noch Rohbaumaterial aus dem antiken Pollentia (das benachbarte Pollenzo) finden. Das Innere wurde in den Jahrhunderten verändert, mit Ausnahme des Freskos einer Kreuzigung im Kampanile (datiert auf 1488, aber wahrscheinlich viel älter) und vier großen Gemälden im Presbyterium und im Chor, Werke von Giovanni Taricco (dem Enkel von Sebastiano).

19 Der urige Gemüsegarten der Somasker-Mönche

Frieden und Wohlbefinden inmitten der Vegetation

Rene Lecler, Reisejournalist für die Zeitschrift *Harper's & Queen* in den 1980er Jahren und Verfasser des halblegendären »300 Best Hotels in the Worlds« (1983), erklärte, dass er kaum sagen könne, welche Dinge ihn am meisten auf seinen Tausenden Reisen durch die Welt beeindruckt hätten. Er beschloss daher, eine »kurze« Liste mit 100 Orten aufzusetzen, die er »die Belohnungen des Reisenden« nannte und allen wünschte, ebenso viel Fortune zu haben. Die 111 Orte, die wir Ihnen hier vorstellen, wurden im Schweiße unseres Angesichts gesammelt, viele wurden von der anfänglichen Liste gestrichen, denn im Laufe unserer Recherchen haben wir begriffen, dass ein Ort eine »Belohnung« darstellte, wenn er vollkommen unerwartet auf uns traf. Und das ist zum Beispiel der Fall beim Antico Orto der Mönche des Somasker-Ordens in Cherasco.

Der Ort ist ein Garten nach dem Modell des mittelalterlichen *hortus conclusus*, das heißt eine Grünfläche (generell kleineren Maßstabs), in der die Mönche Pflanzen und Bäume zu medizinischen Zwecken und zur Eigenversorgung ohne Zierfunktion kultivierten. Heute präsentiert er sich als Ort der Einkehr, mit Ess- und Zierpflanzen und beruht auf einem Konzept der Pfarrkirche San Pietro und der Gemeinde von Cherasco, in Zusammenarbeit mit den Vereinen Le Terre dei Savoia und Associazione CXI sowie der Fakultät von Land-, Fortwirtschafts- und Lebensmittelwissenschaften der Universität von Turin. Sie finden ihn unterhalb der Kuppel des Heiligtums der Madonna del Popolo di Cherasco (das drittgrößte im Piemont), dem strahlendsten Monument des Ortes, das Sebastiano Taricco im ausgehenden 17. Jahrhundert entwarf und dekorierte. Im Inneren des 2017 wiederauferstandenen Gemüsegartens ist ein botanischer Rundgang angelegt, der lehrt, dass die Schönheit der Natur nicht nur Gegenstand der Betrachtung, sondern auch Quelle des Wissens ist. Daneben ist er aber auch ein wunderbar entspannender Ort.

Adresse Via Nostra Signora del Popolo 9, 12062 Cherasco (CN) | **Anfahrt** von der E 717 die A 33 bis zur Ausfahrt nach Cherasco nehmen und bis zum Ortszentrum fahren | **Öffnungszeiten** täglich geöffnet, im Sommer 9–19 Uhr, im Winter 10–17 Uhr; Info bei der Gemeinde Cherasco unter Tel. 0172/427050, www.visitterredeisavoia.it | **Tipp** Neben dem Heiligtum residiert im ehemaligen Kloster der Padri Somaschi mittlerweile das Hotel Somaschi mit erlesenem Restaurant (Via Nostra Signora del Popolo 9, Tel. 0172/488482, www.monasterocherasco.it). Unweit davon der Palazzo Salmatoris (Via Vittorio Emanuele 29), auch bekannt als »Palazzo della Pace«, weil hier 1796 der Waffenstillstand zwischen Napoleon I. und dem Königreich Savoia unterzeichnet wurde, heute Sitz wechselnder Ausstellungen (Mi–Fr 15–18 Uhr, Sa, So 9.30–12.30 und 15–18 Uhr).

20 Die Weinbergschnecke von Cherasco

Ein Besuch im Internationalen Institut der Schneckenzucht

Es gibt Bioweine, Biokäse, Bio-Haselnüsse. Weshalb werden Schnecken nicht mit natürlichen Methoden aufgezogen? Doch auch diese gibt es, nämlich die Chiocciola Metodo Cherasco. Das Städtchen Cherasco zwischen Langhe und Roero ist seit jeher Zentrum für die Aufzucht von Weinbergschnecken (sie tragen ein Schneckenhaus im Unterschied zu ihren rein »schleimigen« Verwandten). Die Aufzucht nennt sich »Helizikultur« im Fachjargon. In Cherasco gibt es seit 1973 das Istituto Internazionale di Elicicoltura, aus dem 1978 der Nationale Verband der Schneckenzüchter hervorgegangen ist, die beide die Qualität und Artreinheit überwachen.

Die Branche ist enorm gewachsen, sodass die Hersteller sich für die gastronomische Verarbeitung und die Produktion für Dritte zu einer Handelsgesellschaft zusammengeschlossen haben, eine Art Akademie, in der Workshops für die Schneckenzubereitung und Lehrveranstaltungen angeboten werden. Natürlich gibt es auch Gemüsegärten und Beete für die Aufzucht, auch mit »natürlicher Migration«. Denn die Schnecken (pardon, Weinbergschnecken) sind allen sympathisch (einige mögen sie etwas eklig finden) und wir alle wünschen, dass sie gut behandelt werden. Leider geben sie ein vorzügliches Gericht ab und müssen daher gekocht werden: Hier haben wir auf Bilder erlesener Gerichte mit geschmorten Weinbergschnecken verzichtet, um niemanden zu vergrätzen, aber in Cherasco können Liebhaber unvergessliche Gaumenfreuden mit ihnen erleben.

Wer beim Essen »heikel« ist, der oder dem sei gesagt, dass viele Kosmetikprodukte und Arzneimittel den kostbaren »Schneckenschleim« beinhalten. Dies geschieht mit Hilfe von MullerOne: Durch den Einsatz von Ozon kann der Schleim abgesaugt werden, ohne den Tieren wehzutun, und ein chemisch und organoleptisch hochwertiges Produkt hergestellt werden.

Adresse Istituto Internazionale di Elicicoltura, Corso Einaudi 40, 12062 Cherasco (CN) | Anfahrt von der E 717 Turin-Savona auf die A 33 wechseln und bis zur Ausfahrt Cherasco fahren, weiter in Richtung Zentrum | Öffnungszeiten Infos zu Aktivitäten, Kursen und Veranstaltungen: www.istitutodielicicoltura.it, Tel. 0172/489382 | Tipp Sie können gastronomische oder Kosmetikprodukte auch online erstehen: www.lumacheriaitaliana.it. Für ein zünftiges Abendessen (mit Schnecken) empfehlen wir Da Francesco (Via Vittorio Emanuele 10, www.ristorantedafrancesco.com, Tel. 339/8096696), Restaurant mit einem Michelin-Stern in einem prächtigen Barockambiente.

21 Die Einaudi

Weine, Güter und die Bibliothek von Bruno Zevi

Dogliani ist unauflöslich mit der Familie Einaudi verknüpft. Es ist die Wahlheimat von Luigi Einaudi, dem großen Ökonomen und zweiten Präsidenten der Italienischen Republik (1948–1955). Aufbauend auf seinen Theorien zur freien Wirtschaft (»Das Individuum bildet sich nur dann fort, wenn es frei ist, sich nach eigener Maßgabe zu verwirklichen«) nahm er die Leitung seines Landwirtschaftsbetriebs selbst in die Hand und experimentierte in diesen Hügeln des Basso Piemonte mit den modernsten Anbautechniken. Man sagt, dass er nie eine Weinlese ausgelassen hat, auch nicht als Gouverneur der italienischen Zentralbank, als Minister oder Präsident. Seine Gebeine ruhen auf dem hiesigen Friedhof, unweit vom bescheidenen Grab, in dem Schellino (siehe Ort 22) begraben liegt, Planer des monumentalen wie exzentrischen Friedhofsportals.

Sein Sohn Giulio gründete in Turin den bekannten Verlag Einaudi, während der Enkel Ludovico ein gefeierter Musiker und Komponist ist. Dabei ist der historische Familienbetrieb, die Poderi Luigi Einaudi, nie aus dem Blick gerückt, bekannt nicht nur für seine Weine, sondern auch für das Relais dei Poderi, das in der Sommerresidenz der Familie aus dem 18. Jahrhundert eingerichtet wurde. In Dogliani verbindet man den Namen Einaudi auch mit dem Museum für den ehemaligen Präsidenten im Palazzo Comunale und vor allem mit der noch aktiven Stadtbibliothek Luigi Einaudi, die 1963 vom Sohn Giulio mit dem ehrgeizigem Ziel einer modernen Volksbibliothek gegründet wurde: um sie in ihrer architektonischen Konfiguration transparenter und ihre Organisation für Nutzer zugänglicher zu machen. Nicht zufällig wurde das Bauvorhaben des römischen Studios A/Z in Zusammenarbeit mit Bruno Zevi umgesetzt, einem Meister des nüchternen Stils und einer organischen Architektur nach der Lehre von Frank Lloyd Wright. Außen ermöglicht die Bibliothek mit ihren verglasten Mauern den Blick auf die Bücher; innen lösen bewegliche Regale und verschiebbare Wände die Idee der Offenheit und der Flexibilität ein.

Adresse Biblioteca civica Luigi Einaudi, Piazza Einaudi 9, 12063 Dogliani (CN) | Anfahrt von Alba die SP 3 einschlagen; von Bra und Cherasco die SP 12 und SP 661; von der Autobahn E 717 Turin – Savona bei Carrù abfahren, dann auf die SP 9 | Öffnungszeiten Di, Do 9.30 – 12 und 15 – 18.30 Uhr, Fr, Sa 15 – 18.30 Uhr, So 9.30 – 12 Uhr, Mo, Mi geschlossen; für das Museo Luigi Einaudi (Palazzo Comunale, Piazza San Paolo 10, Tel. 0173/70107, Eintritt frei) Infos auf www.comune.dogliani.cn.it | Tipp Typische Rezepte und Atmosphäre erwarten Sie in der Osteria Vineria il Torchio (Via Croce 4, Tel. 366/4365793). Acht Zimmer, zwei Suiten, Pool und unvergleichliche Aussicht im Relais dei Poderi Luigi Einaudi (Borgata Gombe 31, Cascina Tecc, www.relaiseinaudi.com, Tel. 0173/70414).

22 Giovanni Battista Schellino

Eklektisches Genie

Dogliani, eine von Wäldern umstandene historische Kleinstadt, ist sicherlich bekannter für ihren Dolcetto-Wein, den man hier einfach Dogliani nennt. Aber auch Architekturfans kommen auf ihre Kosten (insbesondere solche, die für das ausgehende 19. Jahrhundert schwärmen, auch historistisches Revival, mittelalterlicher Eklektizismus oder Gothic Revival genannt). Vielen wird er nichts sagen, aber Giovanni Battista Schellino (1818–1905) war ein Genie, der eine von Architekten wie Roberto Gabetti und Daniele Regis vielbewunderte, ganz eigene Auslegung der Neogotik kreiert hat, die heimische und europäische, rustikale und geheimnisvolle Züge trägt, ganz anders als das, was König Carlo Alberto damals an seinen Höfen in Turin und Pollenzo in Auftrag gab, aber deshalb nicht weniger faszinierend und überraschend.

Viel gibt es zu entdecken, deshalb statten Sie sich mit dem nötigen Rüstzeug aus (etwa dem Führer der Fondazione CRC *Il CuNeo gotico* von Lorenzo Mamino und Daniele Regis). Einer steilen Straße durch die Hügel folgend, stoßen Sie auf den Eingang des Friedhofs (1855–1867), einen zauberhaften Ort. Weiter geht es auf den Hügeln und in die Altstadt von Dogliani mit großen und kleinen Bauten, von den Kirchtürmen der Kirche San Quirico e Paolo (1859–1870) auf neoklassizistischer Basis, mit dem Sahnehäubchen des Stadtturms mit Uhr in Borgo Castello (1862); vom kuriosen Torre dei Cessi (1862–1864) bis zum Heiligtum der Madonna delle Grazie (1873–1874) mit zwei Kampanilen in der Fassade; zum Giebel und den Zinnen der Pfarrkirche von San Lorenzo (1881–1884) zur exzentrischen Fassade des von Loggien durchzogenen Klosters der Sacra Famiglia (1883), zum Krankenhaus (1888), eklektisch in der Schwebe gehalten zwischen Gotik und Neoromanik. Überall hat der extravagante »Stadtplaner« mit seiner »wagnerianischen« Attitüde hier Spuren hinterlassen.

Adresse 12063 Dogliani (CN) | Anfahrt von Alba die SP 3, von Bra und Cherasco die SP 12 und SP 661 einschlagen, von der Autobahn E 717 Turino – Savona bei Carrù ausfahren und dann auf die SP 9 | Öffnungszeiten Außenbereiche immer zugänglich; für Infos und Besichtigung der Innenräume: Tel. 0173/70329; Friedhof: 1. Okt. – 31. März Mo – So 8 – 17 Uhr, 1. April – 30. Sept. Mo – So 8 – 19 Uhr; Torre dei Cessi: Infos Tel. 0173/70107 | Tipp Die Architektur-Tour von Schellino kann auch außerhalb von Dogliani weitergehen: In Cerreto Langhe die fantastische Kirche Beata Vergine Annunziata (1864), die Zinnenfassade des Schlosses Allara Nigra (1880) in Novello (siehe Ort 29), die Pfarrkirche San Giovanni Battista (1884 – 1895) in Bra, die Erweiterungen der Kirche SS. Michele e Pietro (1887) in Cavallermaggiore und die Pfarrkirche S. Maria Assunta (1898) von Levaldigi.

23 Kunstcamouflage

Wie man das Hässliche mit dem Schönen verbirgt

Die Langhe sind, wie der Großteil des ländlichen Italiens, in wenigen Jahrzehnten von der Armut zum Wohlstand, von der »Not«, wie sie noch Beppe Fenoglio kennenlernte, in die plötzliche Industrialisierung gekommen. Zu Füßen der ordentlich in Reih und Glied stehenden Weinberge sieht man daher häufig Fabrikhallen und andere Hässlichkeiten, überdimensionierte Wohnhäuser auf Hügelkämmen, maßlose Villen auf halber Höhe, Straßen und Überführungen, Mauern aus Stahlbeton. Besonders spürbar war dieses Problem, als die UNESCO 2014 die »Weinanbaugebiete von Langhe, Roero und Monferrato« als Weltkulturerbe anerkannte und die Wahrung des Landschaftsbildes als Bedingung für die weitere Förderung anmahnte.

Aber was tun mit den bestehenden Bausünden? Vor einiger Zeit beschlossen Einzelpersonen und Gruppen eine sehr lobenswerte Initiative in die Praxis umzusetzen, nämlich einige der augenfälligsten »Monster« zu erwerben und abzureißen. Die Stiftung Cassa di Risparmio di Cuneo hat einen Wettbewerb ausgelobt, um die Umwandlung des Landschaftsbildes zu beschleunigen. Und dann gibt es noch diejenigen, die auf »mimetische« Kunst setzen.

Atelier del Camouflage nennt sich daher auch der Beitrag von Hilario Isola für die Initiative Nuovi Committenti unter der Schirmherrschaft der Fondation de France und des Assessorats für Kultur und Tourismus der Region Piemonte im Rahmen des Projekts *Dopo l'Unesco, Agisco!* (»Nach der UNESCO handle ich!«). Die Idee dahinter ist schlicht, eine riesige Betonmauer in La Morra, dem Juwel der Langhe, zu verhüllen. Das dabei entstandene Werk, »Il quarto paesaggio« (»Die vierte Landschaft«), ist auch deshalb interessant, weil sie Forschungslabore von Unternehmen der Gegend wie Miroglio, Ferrino, Sinterama und Tessitura Oreste Mariani miteinbezieht: So simulieren 200 Quadratmeter ökologischer Netzstoff eine Vegetation, die sich mit dem Licht und den Jahreszeiten verändert. Achten Sie auf das Muster: Es ist die Neuinterpretation eines Weinbergs, der in einem bekannten Gemälde auftaucht.

Anfahrt A 33 Asti – Cuneo bei Cherasco verlassen, am ersten Kreisverkehr links auf die SP 58 bis La Morra fahren, Parkplätze direkt vor den Festungsmauern | **Öffnungszeiten** immer zugänglich | **Tipp** Eine der neuen kulinarischen Highlights in La Morra ist die nahe gelegene Osteria Arborina (Frazione Annunziata 27, Tel. 0173/500340; www.osteriarborina.it) mit ihrem Chef Andrea Ribaldone, früher beim Due Buoi di Alessandria (Michelin-Stern), der heute »ein neues Kapitel der traditionellen Piemonteser Küche schreibt« (so die Webseite). Alles ist bereitet: raffinierte und originelle Küche, Minimal-Interieur, Panoramaterrasse, Pool in der Hotelanlage.

24 Das Amphitheater von Monforte

Das Auditorium Horszowski, ein (H)Ort der Musik

Das Auditorium Horszowski kennen viele als Amphitheater von Monforte d'Alba. Es ist ein sehr malerischer Ort, wie auch das Dorf, in dem es steht, wo es einen Teil der Piazza in der Altstadt mit einer ausgezeichneten Akustik belegt. Namensgeber ist der große Pianist Mieczysław Horszowski (Lemberg 1892–Philadelphia 1993), der hier im fernen 1986 ein denkwürdiges Konzert gab. Es ist der Hauptsitz von Monfortinjazz, einem sehr verdienstvollen, 1976 gegründeten Festival, das jeden Sommer einen Monat lang die kleine Gemeinde im Albese in ein Mekka der Jazzfreunde verwandelt. In den Jahren haben hier Rufus Wainwright, Michel Petrucciani, Jan Garbarek, The Manhattan Transfer, Dee Dee Bridgewater, Steve Hackett und Gilberto Gil gespielt. Die Liste der Stars ist noch viel länger, ohne die weniger bekannten Künstler zu zählen. Es ist eines jener kulturellen Ereignisse, die die drei UNESCO-Territorien (weit über ihre landschaftlichen und önogastronomischen Reize hinaus) bereichern und das Piemont (nicht nur Turin) in ein quicklebendiges Zentrum der italienischen Kultur verwandelt haben.

Monfortinjazz ist nicht das einzige internationale Event, das in dieser Gegend stattfindet, denkt man etwa an das Festival Collisioni in Barolo (vier Tage der Musik und Literatur im Juni und Juli), die Internationale Messe des Weißen Alba-Trüffels (im Herbst, die weltgrößte Messe für diese Delikatesse), die Auszeichnung Bottari Lattes im Schloss von Grinzane Cavour (Literaturpreis von Weltrang), das Alba Music Festival (jeden Sommer mit klassischer Musik), das Vignale Monferrato Festival (ebenfalls im Sommer mit Tanz) und viele weitere, darunter das neue Attraverso Festival, das seit 2016 die Langhe, Roero und Monferrato vereint. Es gibt also über das ganze Jahr viele kulturelle Initiativen in diesen kleinen und faszinierenden Orten zu erleben (Monforte d'Alba ist das perfekte Beispiel), die dieses Hügelland in gewohnter höchster Güte präsentiert.

Adresse Via del Carretto 16, 12065 Monforte d'Alba (CN) | **Anfahrt** E 717 bis Ausfahrt Marene, dann weiter auf der A 33 bis Cherasco, den Schildern nach Monforte d'Alba folgen | **Öffnungszeiten** Das Monfortinjazz Festival findet üblicherweise zwischen der zweiten Julihälfte und der ersten Augustwoche statt. Das detaillierte Programm finden Sie unter www.monfortinjazz.it. | **Tipp** Möchten Sie etwas verschnaufen und die Umgebung auf ungewohnte Art entdecken? Dann gehen sie auf die Webseite www.monfortetourism.it oder kontaktieren die örtliche Tourismusagentur unter Tel. 0173/253013, um unter den cxzentrischsten Fortbewegungsmitteln zu wählen. Zur Auswahl stehen: Ballonfahrt, Oldtimer, Segway, Fahrräder, Vespa und die einmalige Ape Calessino.

25 Die Case della Saracca

Geheimnis und Atmosphäre

Angeschmiegt an die Hügelkuppe und mit seinem atemberaubenden Panorama ist Monforte d'Alba einer der malerischsten Orte der Langhe. Die Geschichte des Städtchens ist sehr umkämpft. 1028 wurde seine Burg von den Truppen des Mailänder Erzbischofs Ariberto da Intimiano und denen von Alrico, Bischof von Asti, eingenommen.

Die Schuld der Bewohner? Ganz einfach, sie hatten sich den Katharern angeschlossen und waren damit in den Augen des Klerus gefährliche Ketzer geworden. Angeblich soll die gesamte Bevölkerung nach Mailand deportiert worden sein, um zwischen Abschwören oder dem Scheiterhaufen zu wählen: Die meisten sollen, in letzter Konsequenz, den Flammentod gestorben sein. Es ist müßig, den historischen Kern dieser Geschichte zu überprüfen, die für sich betrachtet schon fesselnd und herzzerreißend ist. Zudem verdankt sich der besondere Reiz bestimmter Orte eben auch den Geschichten, die um sie gewoben worden sind (siehe Verona), und wer, wie wir alle, bis ins zehnte Lebensjahr an den Weihnachtsmann geglaubt hat, der kann doch wohl an die Belagerung von Monforte d'Alba glauben?

An diesem fröhlichen Ort haben jedenfalls die Case della Saracca ihren Sitz, ein Restaurant mit Zimmern, bei denen man sich fragt, weshalb sie noch nicht in einer dieser Design-Zeitschriften über einzigartige Hotels an unerwarteten Orten Eingang gefunden haben. Die Case della Saracca liegen im mittelalterlichen Teil, dem ältesten und höchstgelegenen des Ortes. Die Restaurierung des Gasthauses hat die pittoreske Note erhalten und modernsten Komfort geschaffen, den man in Hotels dieser Kategorie erwartet. Restaurant und Weinkeller (dessen edle Tropfen hinter Glaswänden ruhen) sind echte Hingucker und Gourmettempel: Hier trifft man auf die Grotta del Culatello (eine Wurst, die an dunklen, feuchten und kaum belüfteten Orten reifen muss). Es gibt sechs Zimmer, alle mit Kamin, die wie der Rest der Anlage, Geschichte und zeitgenössisches Design perfekt vereinigen.

Adresse Via Cavour 5, 12065 Monforte d'Alba (CN) | Anfahrt A 6 Turin–Savona bei Marene verlassen und weiter Richtung Zentrum von Monforte d'Alba fahren; Parkplätze an den Ausläufern der Altstadt | Öffnungszeiten Infos zu Restaurant und Zimmern unter Tel. 333/1918060, www.saracca.com | Tipp Ein Besuch im Museo Martina, dem Stadtmuseum von Monforte d'Alba, lohnt sich (Via Umberto I 2; geöffnet von April bis Nov. So 10.30–12 und 15–18 Uhr, Führungen nach Absprache Tel. 0173/787317, www.museomartina.it). Beeindruckend sind die Sammlungen ausgestopfter Vögel, die der Meeresmuscheln und der vielfältigen Fauna, die der Namensgeber Oberst Paolo Domenico Martina im 19. Jahrhundert zusammentrug.

26 Lattes und Bottari Lattes

Ein ehrenwertes Engagement für Literatur und Kultur

Es gibt Geschichten, die zunächst enttäuschen und Besorgnis erregen, um uns dann wieder mit Vertrauen und sogar Hoffnung zu erfüllen. Es kommt auch vor, dass die Hauptfiguren dieser Geschichten von Leidenschaft, Unternehmergeist und dem Vorsatz angetrieben werden, ihre Arbeit gut zu machen. Schließlich kann es geschehen, dass es sich bei diesen Personen um Frauen handelt, die wie so häufig beim schönen Geschlecht voller Energie und Pragmatismus stecken. Die Region, von der wir in diesem Buch erzählen, kann sich zahlreicher dieser Geschichten rühmen.

Hier möchten wir an das Verdienst von Caterina Bottari Lattes erinnern, Witwe einer auf seine Weise großartigen Figur namens Mario Lattes, Schriftsteller, Maler und Leiter des gleichnamigen Verlags, aber vor allem Intellektueller und Förderer exzentrischer Kultur. Von seiner Stiftung wurde der Literaturpreis Grinzane Cavour verliehen, der im Laufe der Zeit (und auch mit Hilfe leichtfertigen Finanzgebarens) zu einem der wichtigsten und renommiertesten internationalen Literaturauszeichnungen avancierte. In den 30 Jahren seines Bestehens beehrten Eminenzen wie Vonnegut und Kureishi, Richard Ford und Julian Barnes, Ian McEwan, Michael Cunningham und Andrew Sean Greer (siehe Foto oben) die Langhe, um die Würdigung entgegenzunehmen. Dann 2009 der Skandal und der Einbruch. Und wem ist es wohl zu verdanken, dem Premio Grinzane Cavour wieder Leben eingehaucht zu haben?

Natürlich Caterina und der Stiftung Bottari Lattes, welche die Vermögenswerte auf der Zwangsversteigerung aufkaufte und 2011 den internationalen Literaturpreis Bottari Lattes Grinzane eingeweiht hat, der nicht zufällig wieder im (herrlichen) Schloss von Grinzane Cavour an gefeierte und bedeutende Schriftsteller vergeben wird. In der Zwischenzeit hat die Stiftung eine Bibliothek mit 15.000 Bänden eingeweiht, darunter sämtliche Bücher der Ausgezeichneten der (zwei) Preise, sowie eine Pinakothek mit den Werken von Mario Lattes. Kompliment!

Adresse Fondazione Bottari Lattes, Via Marconi 16, 12065 Monforte d'Alba (CN), www.fondazionebottarilattes.it | **Anfahrt** von der E 717 bis zur Ausfahrt nach Marene, dann weiter auf der A 33 nach Cherasco, den Schildern nach Monforte d'Alba folgen | **Öffnungszeiten** Biblioteca Pinacoteca »Mario Lattes«, Via Garibaldi 14: Mo und Do 9–13 Uhr, Mi 14–18 Uhr, Tel. 0173/789282 | **Tipp** Vor den Toren des Städtchens erwarten Sie wie immer Weinberge mit ausgezeichneten Tropfen in pittoresken und gemütlichen Kellereien, die häufig auch Weinproben und Übernachtungen anbieten. Zu den bekanntesten zählen die Poderi Aldo Conterno (Località Bussia 48, Monforte d'Alba, Tel. 0173/78150, www.poderialdoconterno.com).

27 Cascina del Finocchio verde

Der Tauschhandel als Modell für Autarkie

Eine kleine grundlegende Unterweisung für alle, die eine Besichtigung der in diesem Bändchen beschriebenen Orte planen. Was bedeutet DOP? Die in der Europäischen Union anzumeldende Kennzeichnung DOP für *Denominazione di Origine Protetta* zeigt ein typisches italienisches Erzeugnis an, dessen qualitative Merkmale im Wesentlichen oder ausschließlich vom Territorium abhängen, in dem es produziert wird, und dessen Qualität so hochwertig ist, dass es vor Fälschungen geschützt werden muss. Die DOP-Vorschriften garantieren dem Verbraucher sowohl hinsichtlich der Herkunft der Rohstoffe als auch der Lebensmittelproduktion und -sicherheit ein Lebensmittel von höchster Güte. Alle Produkte mit DOP-Kennzeichnung können lückenlos bis zu ihrem Ursprung zurückverfolgt werden, sodass Verbraucher die gesamte Geschichte des Produkts, das eng mit seinem Territorium verbunden ist, erfahren.

Nun können wir bedenkenlos fortfahren, ist doch die Cascina del Finocchio verde berühmt für ihren mehrfach ausgezeichneten Schafskäse *Toma di Murazzano*. Der Agriturismo ist nicht nur ein phantastischer Ort, in dem die Gästen die Erzeugnisse des Gemüsegartens selbst probieren können, sondern Sie können hier Kost und Logis im Gegenzug für geleistete Arbeit genießen. Die Mahlzeiten, die Sie einnehmen, sind dazu Ergebnis des Tauschhandels mit anderen Herstellern der Gegend, frei nach dem Motto: Ich gebe dir meine Schafsmilch, und du gibst mir deine Ackerbohnen. Einfach großartig. 2005 vom leider jüngst verstorbenen Mario Gala und Isabella De Caria gegründet, wird der Bauernhof heute unter Anleitung der Witwe von zwei jungen Männern bewirtschaftet: Der Franzose Julien kümmert sich um den Restaurantbereich, während sich der Österreicher Christian mit der landwirtschaftlichen Seite beschäftigt.

Man könnte noch vieles mehr zu diesem Ort sagen, aber man würde immer etwas vergessen. Daher unser Rat: Verleben Sie ein paar Tage hier, dann werden Sie Ihr Alltagsleben wieder beherzter in Angriff nehmen können.

Adresse Borgata Bruni 33, 12060 Murazzano (CN) | **Anfahrt** auf der E 717 bis Ausfahrt Marene, dann weiter auf der A 33 bis Cherasco, dann weiter auf der SP 661 | **Öffnungszeiten** für Infos: Tel. 0173/743518, Tel. 339/7565181 oder finocchioverde@libero.it | **Tipp** Genießen Sie die Zeit für sich, die dieser Ort Ihnen schenkt, ohne Leistungsdruck und Termine. Halten Sie einfach inne und schalten ab. Das Bauernhaus verfügt nämlich auch über ein Bed and Breakfast mit drei Zimmern: Ciliegia, Castagna und Quercia.

28 Destillerie Romano Levi

Grappa-Kunst und die Legende der »Donna Selvatica«

Die Geschichte der berühmtesten Destillerie des Piemonts (und vielleicht auch Italiens) beginnt in grauer Vorzeit, genauer gesagt im 17. Jahrhundert, als ein Zweig der Familie Levi sich im Val di Spluga, in der Provinz von Sondrio, bereits mit Destillaten beschäftigte, in einer Gegend, die seither für die Branntweinherstellung bekannt ist. Bei den Destillateuren war es üblich, zur Weinlese mit ihren beweglichen Apparaten ins Piemont zu ziehen und dort die Destillation des Tresters zur Grappaherstellung vorzunehmen. Mit der Zeit zogen einige von ihnen dauerhaft auf das piemontesische Land (das war einfach bequemer), um dort ihre Destillen einzurichten.

Für die jüngere Vergangenheit erfahren wir vom Spross Serafino Levi, der Teresina Balbo ehelicht und sich 1925 in Neive ansiedelt, wo er seine Destillerie eröffnet. Der arme Serafino stirbt aber schon 1933, sodass die blutjungen Kinder und die Frau die Familientätigkeit weiterführen mussten. Beim Tod von Teresina 1945 im Bombenhagel übernimmt schließlich der 17-jährige Romano (Levi), damals noch Student, zusammen mit Schwester Lidia die Geschicke des Betriebs. Dies sind die wichtigsten Daten der Familiengeschichte, aber was die Erzeugnisse der Destillerie Romano Levi immer noch so einzigartig macht, ist ihr direkt befeuerter Destillierkolben, derselbe seit fast 100 Jahren. Romano Levi beschrieb seinen Destillierkolben 1991 mit den Worten: »Für mich, der ich ihn jetzt seit 46 Jahren Destilliertätigkeit gut, wenn nicht sehr gut kenne, ist er ein Apparat, der sehr gut funktioniert, ein Juwel, ein Spielzeug. Wenn man ihm das gibt, was er will und benötigt, und ihm Zeit lässt, wenn man sich ihm anpasst, dann wirkt er Wunder …«

Und ein echtes Wunder ist auch die Grappaherstellung, die noch genau wie einstmals erfolgt (sogar die Etiketten werden noch per Hand aufgeklebt). Sie finden sie teuer? Qualität hat ihren Preis, wie man weiß.

Adresse Via XX Settembre 91, 12052 Neive (CN) | Anfahrt die A 33 zwischen Asti und Alba bei Castagnito verlassen, dann die SP 3 nach Neive einschlagen | Öffnungszeiten Di–Sa 8–12 und 14–18 Uhr, Tel. 0173/677139, www.distilleriaromanolevi.com | Tipp In Neive muss man natürlich auch das Romano Levi und seiner »Grapparte« gewidmete Museum aufsuchen (Casa della »Donna Selvatica«, Piazza Italia 1), wo die bezaubernde Geschichte des »Grappa della Donna Selvatica«, der poetischen Etiketten von Romano Levi und der von Freunden wie Giovannino Guareschi, Paolo Conte, Giorgio Faletti, Renato Missaglia erzählt wird. Die Destillerie kann kostenlos besichtigt werden, auch die Grappaverkostung ist es (versuchen Sie nur, irgendwann das Glas loszulassen).

29 Gotische Atmosphäre

Im Schloss der Gräfin Allara Nigra

Modern und malerisch musste es sein und natürlich war nur die spektakulärste Gothik gerade gut genug. Im ausgehenden 19. Jahrhundert stellte ein Schloss das absolute Nonplusultra dar. Alle wollen ein schönes Schloss (noch heute), und alle wollen es pittoresk, möglichst ein wenig geheimnisvoll, begeisternd und vielleicht mit einem literarischen Anklang (British, *obviously*). Was soll man sagen, wenn die Auftraggeberin dieses Vorhabens auch noch die Gräfin Maria Allara Nigra ist?

Eine nicht gerade alltägliche Figur: Gebildet und leidenschaftlich, liebte sie das Reisen, war modern und informiert. Dazu war sie nicht nur Malerin, sondern auch schaffensfreudige Schriftstellerin, die außergewöhnliche Gothik-Romane veröffentlichte (nach dem Modell von Horace Walpole, Autor der 1764 erschienen ersten Gothic Novel »Das Schloss von Otranto«). Die Titel der leider nicht ins Deutsche übersetzten Romane waren Programm: »La grande vestale« (»Die große Vestalin«) 1875, »Psiche: amore pazzo« (»Psyche: Verrückt vor Liebe«) 1880 und »La moglie del conte Paolo« (»Die Frau des Herzogs Paul«) aus dem Jahr 1889.

Das Schloss wurde 1880 von der Gräfin eingeweiht (bezahlt hatte es der Ehemann, Anwalt Angelo Allara), entworfen wurde es vom genialen Baumeister Giovanni Battista Schellino (siehe Ort 22). Es zeigt die Ausformung einer luxuriösen Neogothik mit kunsthandwerklicher, romantischer, gebildeter, bildschöpferischer und theatralischer Note.

Im Außenbereich herrschen große Freitreppen, Türme und durchbrochene Flächen vor, die wie Klöppelspitzen anmuten. Im Salon fünf große Gemälde von der Hand der Gräfin selbst. Maria mit ihrer Vorliebe für die dunkle Romantik würde ihr Schloss heute noch lieben, vor allem an malerischen, nebelverhangenen und menschenleeren Herbsttagen.

Aber das Schloss ist ja gar nicht verlassen: Sie können sogar in seinen üppigen Sälen schlafen und speisen.

Adresse Hotel Al Castello, Piazza Marconi 4, 12060 Novello (CN) | Anfahrt von Alba die SP 3 bis Barolo nehmen, dann auf der SP 58 bis zum Zentrum von Novello fahren, Parkplätze vor dem Schloss | Öffnungszeiten immer geöffnet, Tel. 0173/744502, www.castellodinovello.com | Tipp Hier können Sie einen der wenigen Weißweine der Langhe trinken und erwerben. Der Nascetta ist tatsächlich der einzige autochthone Weinstock mit weißen Trauben der Barolo-Hügel. Sind Sie noch nüchtern, sollten Sie Kontakt mit Lucia, Massimo und Alberto aufnehmen, um einen schönen Ausflug mit E-Bikes durch Weinberge und Panoramen zu vereinbaren: www.ebike.bikesquare.eu (Tel. 0173/731402).

30 Die Trattoria Salvetti

Die Hexen und das gute Essen der Alta Langa

Auf dem Schild am Ortseingang von Paroldo steht: »*Paese delle masche*« (»Dorf der Hexen«). Die erste uns überlieferte hieß Micilina, die von Barolo nach Pocapaglia gezogen war. Leider waren alle Bewohner dort aus tiefstem Herzen überzeugt, dass der dunkle Stern, unter dem der Ort damals stand, nur einen Ursprung haben konnte, nämlich sie.

Dem Problem wurde man schnell Herr, indem man die Frau auf dem Scheiterhaufen verbrannte, nicht ohne sie langer Folter auszusetzen und alle nur möglichen Geständnisse herauszupressen, in der vergeblichen Hoffnung, dass sie damit ihr Leben retten könnte (die Folter ist eben kein Mittel zur Wahrheitsfindung, wie uns die Geschichte lehrt). Ihr Geständnis brachte eine lange Liste von »Kumpanen« ans Licht, von denen die meisten im Dorf Paroldo lebten.

Der Glaube an die *masche* ist daher seit Langem mit diesem kleinen Ort in der Alta Langa verbunden, in dem, ebenfalls der Legende nach, die Hexen nachts die Wälder unsicher machen und böse Tränke brauen. Anderen zufolge verhält sich das Ganze freilich anders: Diese Frauen waren Heilerinnen, die mit ihren Mittelchen auf Kräuterbasis Krankheiten kurieren konnten.

Paroldo feiert jedenfalls seine »Hexen« jedes Jahr im Herbst, was Gelegenheit bietet, mal einen Abstecher zu unternehmen, um sich hier auf Feldern und Wäldern zu verlustieren und dann in der Trattoria Salvetti zu Mittag oder Abend zu essen, die von der gleichnamigen Familie seit drei Generationen geleitet wird. Heute führt dieses Lokal der alten Piemonteser Tradition mit fester Hand Signora Clelia, die eben als wahre Piemonteserin von Größe nicht nur das Beste der regionalen Küche, sondern ausschließlich Zutaten aus der Gegend verwendet, die am selben Tag zubereitet und gekocht werden. Für ein königliches Mahl kosten Sie *capunet* (unser Favorit: gefüllte Wirsingröllchen), Vitello tonnato, gemischtes Suppenfleisch, Fleischravioli oder *Bagna caoda*, Gerichte, die Tote auferstehen lassen, vielleicht auch die arme Micilina und ihre Hexenkumpaninnen.

Adresse Via Coste 19, 12070 Paroldo (CN) | **Anfahrt** von der A 6 Turin–Savona bei Ceva abfahren und weiter in Richtung Paroldo fahren (SP 54) | **Öffnungszeiten** Mi–So 11–23 Uhr, Reservieren empfiehlt sich: Tel. 0174/789131, www.trattoriasalvetti.it | **Tipp** Machen Sie einen Abstecher zum kleinen Theater Marenco in Ceva (www.compagniateatromarenco.it), das in der klassischen Hufeisenform der italienischen Theater aus dem 19. Jahrhundert 250 Zuschauern Platz bietet. Etwas außerhalb des Ortes gibt es sehr gute Küche im Agriturismo Ca' del Bosco (Via Pratolungo 10, Tel. 0174/70194), zentraler im Ort liegt La Baracchetta (Piazza della Libertà 1, Tel. 0174/704505).

31 Die Fresken des Heiligen Johannes

Triumph der gotischen Detailversessenheit

Auf einem waldigen, isolierten Hügel etwas abseits des Ortes gelegen lässt sich die Kirche San Giovanni Battista leicht übersehen. Das wäre wirklich schade. Fährt man am Gotteshaus auf der talabwärts führenden Straße vorbei, fällt erst einmal die schöne Wiese ins Auge, auf der ein grasbewachsener Pfad zu einem erhöht gelegenen Kirchplatz und einem kleinen Portikus auf einer mit Lesenen verzierten Fassade führt. Alles hier ist schlicht, bescheiden und aus dem grauen Stein der Gegend gefertigt. Eine dieser Landkirchen, in denen sich auch Nichtgläubige heiter und friedlich fühlen. Aber im Innenraum wartet die Überraschung: ein Triumph mittelalterlicher Fresken, die größte Bilderserie in der Gegend von Asti, mit ausdrucksstarker und reichhaltiger Ikonografie, Pflanzendetails und Damaststoffen wie in illuminierten Handschriften.

San Giovanni war die ursprüngliche Pfarrkirche, bis das um die Burg gewachsene Roccaverano 1509 eine neue Kirche bauen ließ. Vom romanischen Bau künden die zwei ersten Schichten des Kampanile mit Bogenfriesen, von der spätgotischen Epoche die Fresken und die Spitzbögen des Presbyteriums. Schöpfer der detailverliebten Fresken an den Wänden dieses Raumes war der sogenannte Meister von Roccaverano im ausgehenden 15. Jahrhundert. Auf der hinteren Wand sind unter einer kleinen Kreuzigungsdarstellung die zwölf Apostel, auf dem Gewölbe die vier Evangelisten und ein Pantokrator-Christus abgebildet, während die Pfeilerbögen vier heilige Frauen schmücken. An den Seiten Geschichten aus dem Leben Johannes' des Täufers, die Krönung der Jungfrau, der schmerzensreiche Christus und die Madonna mit dem Kind.

Richten Sie Ihren Blick auf die Details, die Lebhaftigkeit von Szenen wie die des Banketts: Auf einer Seite der abgetrennte Kopf des Täufers, daneben der gedeckte Tisch und um ihn herum prächtig gekleidete Figuren, mit vielfarbigen Stoffen und gewagtem Kopfschmuck.

Adresse Frazione San Giovanni, 14050 Roccaverano (AT) | Anfahrt Neben dem Friedhof des Ortes gelegen erreicht man die Kirche San Giovanni vom Ortskern von Roccaverano über die SP 24 in Richtung Mombaldone und Spion Monferrato. | Tipp Der gute kulinarische Ruf der Gegend erfährt im Restaurant *A testa in giù* im nahen San Giorgio Scarampi mit typischen Gerichten und einigen Neuerfindungen wie dem unvergesslichen angebratenen *Robiola* (einem ortstypischen Weichkäse) mit karamelisierten Zwiebeln seine Bestätigung (Piazza Roma 5, Tel. 0144/89367).

32 Kunstpark Quarelli

Skulpturen in der Natur: ein Freilichtmuseum

Stellen Sie sich vor, Sie fahren auf der Strada Provinciale 24 von Asti in Richtung Roccaverano und fühlen sich wie Jack Kerouac (die Provinzstraße 24 ist zwar nicht ganz die Route 66, aber nun ja), fressen mit Ihrem knallgelben Kleinwagen die Kilometer und hören kalifornische Indie-Musik, als plötzlich Ihr Reisegefährte, Co-Autor dieses verdienstvollen Reiseführers, einen dumpfen Schrei ausstößt: »Da ist er!«, worauf Sie abrupt auf die Bremse treten und denken, dass die Straßen hier so ihre Überraschungen bereithalten, auch wenn sie nicht nach Arizona führen. Die geneigten Leser werden jetzt an eine Alieninvasion denken, aber stattdessen haben wir gerade den Parco d'arte Quarelli entdeckt, der, wie wir zugeben müssen, besser als Außerirdische und genauso selten ist.

Es gibt wahrlich nicht viele Orte wie diesen: Ein Bed and Breakfast mit angeschlossenem Kunstpark, der durch den Austausch der Familie Quarelli mit Turinern und anderen Künstlern immer größer geworden ist, die hier in Gestalt ihrer Werke Spuren hinterlassen haben.

Im Leben führt nur der Zufall zu komischen Fügungen. In diesem Fall heißt er Don Pierpaolo Riccabone, Priester in San Giorgio Scarampi und Freund der Familie, aber vor allem Religionslehrer am Kunstgymnasium Cottini von Turin. Dank ihm beginnt die Turiner Künstlerszene, den Ort zu frequentieren. Im Laufe der Zeit erweist sich das Haus der Quarelli als zu klein für die vielen Kunstwerke, sodass die Gründung des Kunstparks beschlossen wird. Die zwischen Wäldern und Wiesen verstreute Kollektion mit Werken junger (und weniger junger) mittlerweile renommierter Künstler von Luigi Mainolfi bis Luigi Stoisa, von Adrian Tranquilli bis Fabio Viale, von Paolo Grassino, Maura Banfo über Salvatore Astore bis zum großen Bruno Munari ist hochinteressant. Ein Ort, der einen Besuch oder sogar einen Aufenthalt lohnt, denn man kann bequem im gastfreundlichen B&B übernachten und einen Tag zum Kunstgenuss anhängen.

Adresse (SP 24) Via Pianlavaggio 16, 14050 Roccaverano (AT), www.quarelli.it, Tel. 334/3227376 | **Anfahrt** Strada Provinciale 24 von Asti in Richtung Roccaverano | **Tipp** In Vengore, einem Ortsteil von Roccaverano, ist einer der schönsten und besterhaltenen mittelalterlichen Türme der Gegend zu bestaunen. Im 13. Jahrhundert erbaut, diente das mächtige Bauwerk als Wachtturm gegenüber dem Bormida-Tal von Spigno, dem Ponzonese und der Gegend von Acqui, und erlaubt eine faszinierende Aussicht.

33 Robiola oder Formaggetta?

Das Geheimnis von Roccaverano ist die Reifung

Es ist bekannt, dass sich Legenden auch und vor allem innerhalb von Gruppen in kleinen Gemeinschaften, vorzugsweise in der Familie und vielleicht sogar über einen gemeinsamen »Familienwortschatz« bilden (wie etwa dem von Natalia Ginzburg), in dem man sich wiedererkennt und identifiziert. Zu den Familienlegenden von mindestens einem der Autoren dieses Buches zählt die Formagetta, nämlich die von Roccaverano, die alle (oder fast alle) Robiola nennen.

Es handelt sich um einen fetten, weißlichen und krustenlosen Frischkäse mit geschützter Ursprungsbezeichnung (tatsächlich ist es der einzige Ziegenrohmilchkäse-DOP ganz Italiens), der zu erheblichen (aber variablen) Teilen aus Ziegenmilch besteht (die ganz Eisernen, die wir am liebsten mögen, stellen ihn mit 100 Prozent Ziegenrohmilch her). Das Produktionsgebiet umfasst die Provinzen von Asti und Alessandria, auch wenn das Toponym auf Roccaverano verweist, einen kleinen und schön gelegenen Ort im östlichen Teil der Langhe.

Bei der Familie des Autors verging kein Aperitivo, keine Feier bedeutender oder weniger bedeutender Ereignisse (vorzugsweise in der kleinen Welt des Großelternhauses in Acqui Terme) ohne frischen, aber besser gereiften Formagetta. Noch besser allerdings war es, wenn der Käse schon fast flüssig war, umgeben von seiner charakteristischen Rinde, außen faltig und weich und innen schwitzig, mit der typischen gelblichen Färbung, die nur nach erfolgter Reifung erreicht wird. Natürlich muss man auch mit einem gewissen »Düftchen« rechnen (den einige arme Seelen nicht ertragen), denn die Formagetta (oder Robiola) muss stinken, um herausragend zu sein. Manche umwickeln sie gar mit Wirsingblättern, um ihre Reifung zu begünstigen. Viele Betriebe der Gegend stellen Formagette/Robiole her, die untereinander völlig verschieden, aber immer hervorragend sind. Es gibt sogar einen schweizerischen Ableger! Integration im Zeichen des Ziegenkäses DOP …

Adresse 14050 Roccaverano (AT) und in der Umgebung | Tipp Die Formaggetta in Wirsingblättern finden Sie zum Beispiel bei unserem Lieblingsdelikatessen-Anbieter, der Salumeria Centrale von Antonio Giraud, dessen Schaufenster sich auf die geschäftige Flaniermeile von Acqui Terme öffnet (Corso Italia 15, Tel. 0144/322975). Wirsing verwendet auch Adriano Adorno, ausgezeichneter Käsebetrieb in Ponti (AL), mit Agriturismo (Regione Cravarezza 50, Tel. 0144/355905). Unter den Herstellern empfehlen wir den Landwirtschaftsbetrieb La Masca (Regione Cova 12, Roccaverano, Tel. 0144/93313). Hinter den obig zitierten »Schweizern« stecken die Eheleute Simona Stutz und Andrea Pfister (Regione Poggi 1, 14050 Mombaldone (AT), Tel. 0144/950730, www.robiolabio.com).

34_Die Universität der Trüffelhunde

Im Leben braucht man Nase

Das Wort »Trüffel« taucht in diesem Buch öfter mal auf, was nichts mit einer Obsession der beiden Autoren zu tun hat (eher Leidenschaft), sondern weil dieser Pilz ein Symbol der Langhe ist. Dazu muss man sagen, dass die Weltmesse des Weißen Trüffels von Alba eines der interessantesten Events von internationalem Rang ist, das man sich nur vorstellen kann: Daran teilzunehmen ist ein Privileg wie eine Einladung zur Inauguration des MoMA in New York.

Aber was braucht man, um dieses kostbaren unterirdischen Pilzes habhaft zu werden? Entweder 75.000 Euro in bar oder einen guten Trüffelhund, um diesen Nugget der guten Küche aus seinem feuchten Gemach frisch auf den Tisch zu bringen. Die zweite Option ist weitaus einfacher zu realisieren, kann man doch auch seinen eigenen Hasso, der für gewöhnlich gelangweilt am Kamin döst, in einen echten Trüffelhund verwandeln, nämlich auf der Universität für Trüffelhunde in Roddi in der Provinz Cuneo. Der Rektor dieses ehrwürdigen Instituts heißt Giovanni Monchiero, gehört zur vierten Generation der »Barot« (der piemontesische Name für den Stock des Trüffelsammlers) und führt dieses akademische Unikum mit eingeborener Leidenschaft. Drei Wochen genügen, um den eigenen Hund zu einem Trüffelbegeisterten zu machen, nach zwei oder drei Jahren Erfahrung avanciert er dann zu einem echten Profi. Am Anfang gibt es grundlegenden Unterricht, wo Hasso (oder Laika und so weiter) beginnen, den Geruch (pardon, Duft) des Trüffels wiederzuerkennen: Ist dieses Stadium erreicht, werden die Trüffel immer tiefer in der Erde versteckt, und der Hund erhält für jeden Fund leckere Cracker als Prämie. In der dritten Phase wird der Wald in Angriff genommen, wo der Vierbeiner lernt, die verschiedenen Gerüche auseinanderzuhalten und die richtige Spur zum schwarzen Diamanten der Gastronomie zu finden. Sind Ihnen Ihre Kinder nicht ehrgeizig genug? Dann probieren Sie es mal mit Ihrem Hund …

Adresse Via Carlo Alberto 13, 12060 Roddi (CN) | **Anfahrt** die A 6 Turin – Savona bei Marene verlassen und weiter nach Bra, Pollenzo, Quattrino und schließlich Roddi | **Öffnungszeiten** Infos unter Tel. 0173/615156, www.universitadeicanidatartufo.it | **Tipp** Im nahen Verduno trinkt man den Wein Verduno Pelaverga, eine der kleinsten DOC-Erzeugungen Italiens. Besuchen Sie die Weinkeller, gönnen Sie sich eines oder mehrere Gläser und genießen Sie die würzigen Noten von schwarzem Pfeffer und Muskatnuss. Am Ende hält das Belvedere des Ortes einen zauberhaften Blick bereit.

35__Die Osteria da Gemma

Traditionelle Hausmannskost, was sonst?

Was gibt es Gefährlicheres für die Gastronomie dieser Gegend als die »Fusion«-Küche oder gar »Nouvelle cuisine«? Vielleicht nur die Interpretation und »Modernisierung« der traditionellen Gerichte. Andererseits besteht in den Städtchen und Dörfern dieser Region kaum Bedarf nach Erfindungen und Variationen im kulinarischen Raum, denn es genügt, sich der reichhaltigen und von Einheimischen wie Auswärtigen geliebten Tradition anzuvertrauen, um himmlisch zu essen. Denn befinden wir uns nicht in einem Landstrich, dem wir Slow Food, die »Presidi« (Netzwerke von Landwirten, Händlern, Verbrauchern), die hochwertige Önogastronomie, die Idee der engen Beziehung zum Territorium und vieles mehr verdanken? Und doch gibt es jene, die unter dem Label »traditionelle Küche« ihrer Phantasie freien Lauf lassen. O Graus! Wenn Sie zu den Konservativen gehören und immer das Originalrezept genießen möchten (sofern es existiert, denn wie viele ausgezeichnete Fassungen von *bagnetti verdi* und *salse tonnate* gibt es wohl?), dann sind Sie seit 30 Jahren bei der Osteria da Gemma an der richtigen Adresse.

Hier wird keine piemontesische Küche veredelt, werden keine antiken und kostbaren Rezepte exhumiert, sondern schlicht die gute Küche von einst aufgetragen (also auch die von heute). Hausmannskost ist angesagt (nur die des guten Hauses freilich).

Auch der Service ist häuslich, man stellt die dampfende Schüssel auf den Tisch und lässt den Gast sich selbst bedienen. Wein vom Haus, wie in jeder Klause oder Trattoria, die diesen Namen verdient, üblich. Unter den Vorspeisen (*salumi, tartare, vitello tonnato*) hat es uns besonders der russische Salat angetan, den wir mit Vorliebe mit feingehacktem Gemüse speisen. Dann können folgen: Tagliatelle, Gnocchi, Ravioli, Plin oder die legendären *tajarin.* Dazu wird das reichhaltige und leckere Ragù gereicht. Zweiter Gang gefällig? Schweinebäckchen, Rollè, Schmorbraten, ein einfacher Braten oder Kaninchen in Soße.

Zum krönenden Abschluss Pannacotta, Bônet, Haselnusskuchen. In einem Wort: das Glück.

Adresse Via G. Marconi 6, 12050 Roddino d'Alba (CN) | Anfahrt die A 21 Turin – Piacenza – Brescia bei Asti Ovest verlassen, weiter in Richtung Zentrum fahren und an den ausgeschilderten Parkplätzen parken | Öffnungszeiten Mi – Do 12.30 – 13.30 Uhr (Ankunftszeit), Fr – So 12.30 – 13.30 und 20 – 21 Uhr, Reservierung obligatorisch: Tel. 0173/794252 | Tipp Nicht nur speisen, auch übernachten kann man in der Gegend hervorragend, ob auf Gutshöfen, historischen Bauernhöfen oder gar monumentalen Schlössern. Im nahen Sinio nächtigt man luxuriös im Hotel Castello di Sinio (www.hotelcastellodisinio.com) oder in der Tenuta Bricchi (www.tenutabricchi.it) mit tollem Ausblick bis nach Monviso.

36 Der Duft von Lavendel

Ein Hauch Provence im Piemont

Mit Aufkommen der schönen Jahreszeit hat jeder von uns bestimmt schon mindestens einmal gehört: »Diesen Sommer will ich in die Provence, um die Lavendelblüte zu erleben.« Ist der Sommer vorbei, heißt es dann oft: »Du kannst dir nicht vorstellen, wie schön sich die Abtei von Sénanque mit den Lavendelfeldern ringsherum ausnimmt!« oder »Das Lavendelmeer von Valensole macht richtig Lust, da durchzurennen!«

Jedes Mal möchte man einwenden, dass man dabei doch von Bienen- und Wespenschwärmen attackiert würde, und außerdem kann man doch auch gehen, dabei weniger ermüden, mehr sehen und nicht wie ein Werbeträger für Flüssigseife aussehen.

Damit sei natürlich nichts gegen die Provence gesagt, ein herrlicher Landstrich, den wir sehr lieben. Wir möchten nur anmerken, dass man gar nicht so weit fahren und schwindelerregende Summen ausgeben muss.

Es genügt, sich in die ligurischen Alpen zu begeben und den Schildern nach Sale San Giovanni zu folgen, einem Örtchen von 180 Einwohnern *a truch e branca* (piemontesisch für »mehr oder weniger«).

Seine Lavendelfelder sind nicht weniger hübsch anzusehen als die im Süden Frankreichs, sodass diese kleine Gemeinde der Alta Langa ein wichtiges regionales Zentrum im Arzneimittel- und Heilkräuterbereich geworden ist.

Da man hierzulande seriös arbeitet, werden natürlich zur Blütezeit auch touristische Touren organisiert (an einigen Aussichtspunkten), um dieses sommerliche Phänomen auszukosten. Instinktiv würde man meinen, sich in der Provence zu befinden, aber das scheint uns ungerecht, denn das Panorama der Langhe ist ganz anders als das der Provence, und auch diese Blütezeit steht anderen in nichts nach.

Sie ist nur kleinräumiger. Aber genauso atemberaubend, beeindruckend und magisch!

Adresse Für Infos wenden Sie sich an das Rathaus von Sale San Giovanni an der Piazza Padre Arcangelo Ferro 1. | **Anfahrt** die E 717 bei Ausfahrt Ceva verlassen und weiter auf der SP 28bis, dann auf die SP 343 bis Sale San Giovanni | **Öffnungszeiten** normalerweise in der ersten Juliwoche, mehr Informationen unter www.comune.salesangiovanni.cn.it | **Tipp** Mittagessen können Sie in der Osteria delle Erbe (Via Villa 3, besser reservieren: Tel. 347/0450797) und sich dann auf die Suche nach den berühmten Heil- und Küchenkräutern des Ortes machen (natürlich in einem Geschäft!) und vielleicht etwas für zu Hause erstehen. Schön ist die Aussicht vom Castello di Sale San Giovanni, dessen Inneres aber nicht zugänglich ist. In 20 Minuten Autofahrt erreicht man das malerische Castello di Saliceto.

37 Die Orte von Pavese

Geschichten und Legenden zwischen Dörfern und Hügeln

Cesare Pavese (Santo Stefano Belbo 1908–Turin 1950) ist nicht nur einer der großen Schriftsteller dieses Landes (der 1950 den Premio Strega mit »La bella estate« (»Der schöne Sommer«) erhielt), sondern ein akkurater Interpret der Langhe und ihrer jüngeren Geschichte, ein Forscher der tiefgründigen Charaktere und des unauflöslichen Bandes zwischen Menschen und Orten, zwischen dem Innenleben des Einzelnen und dem Allgemeinbefinden. Ihm sind in seinem Heimatort (»Ihr habt von den vier Häusern noch nie gehört? Genau da komme ich her.«) zahlreiche Gedächtnisorte und Rundwege gewidmet.

Jeder dieser Pavese-Gedächtniswege muss selbstverständlich von der Stiftung ausgehen, die seinen Namen trägt und die sich im Komplex mit der entweihten Kirche befindet, wo Pavese 1908 getauft wurde und sich heute ein Konzertsaal befindet. Die Fondazione Cesare Pavese fördert Studien, Tagungen und Veröffentlichungen zum Autor, im neu eröffneten Museum werden Erstausgaben und Dokumente sowie eine Ausgabe der »Dialoghi con Leucò« gezeigt, in der Pavese seinen letzten Satz vor dem freiwilligen Ableben schrieb: »Ich verzeihe allen und bitte alle um Verzeihung. In Ordnung? Macht keine Klatschgeschichte daraus.«

Auf der »Landstraße« nach Canelli steht das Geburtshaus, in dem die Eltern zur Sommerfrische wohnten, heute Sitz des Centro Pavesiano Museo Casa Natale (Via Cesare Pavese 20, www.centropavesiano-cepam.it). Es gibt den Hügel und das Häuschen von Gaminella zu entdecken, in »La luna e i falò« benannt mit »Ein Hügel wie ein Planet«, der bis nach Canelli vor das Museumshaus von Nuto (Pinolo Scaglione) reicht, dem Freund Paveses, Führer und Mittler zwischen der Welt des Literaten, dem Bürger und der Lebensrealität der Langhe auf Wegen, Weingärten, Hügelkämmen, Geschichten von Lebenden und Toten. Die Grabplatte aus Langa-Stein auf dem Friedhof von Santo Stefano, wo Pavese seit 2002 ruht, trägt die Aufschrift »Ich habe den Menschen Dichtkunst geschenkt«.

Adresse Fondazione Cesare Pavese, Piazza Confraternita 1, 12058 Santo Stefano Belbo (CN) | Anfahrt die A 21 Turin – Piacenza – Brescia bei Asti Est abfahren, weiter nach Isola d'Asti und Santo Stefano Belbo | Öffnungszeiten täglich 10 – 12 und 15 – 18.30 Uhr (Do nur vormittags), Mo geschlossen, Mai – Dez. auch So und an Feiertagen geöffnet, Infos zu Rundwegen und Aktivitäten: www.fondazionecesarepavese.it | Tipp Gleich außerhalb von Santo Stefano Belbo befindet sich die Cantina Ca' d' Gal im pulsierenden Herz des Moscato d'Asti (strada Vecchia di Valdivilla 1, Tel. 0141/847103, www.cadgal.com). Nicht weit entfernt lockt das Relais San Maurizio (www.relaissanmaurizio.it), in einem alten Zisterzienserkloster, mit dem außergewöhnlichen Restaurant Guido da Costigliole.

38 Die Rocche dei Sette Fratelli

Göttliche Strafe als geologisches Ereignis

Die Legende geht ungefähr so: Wo sich heute die Schlucht namens Rocche dei Sette Fratelli befindet, erstreckte sich einst eine saftige Wiese, auf der sieben Brüder eines Tages Gras mähen gingen. Zur Mittagszeit brachte eine fromme Schwester den sieben eine Mahlzeit, die, weil Freitag, also Fastentag war, nicht gerade üppig ausfiel. Mit Heißhunger von der Arbeit waren die Brüder unzufrieden mit der kargen Kost und kamen auf die brillante Idee, die arme Frau zu beschimpfen und gotteslästerliche Reden zu führen. Kurz danach gelangte die freitägliche Prozession just an diesen Ort. Die Bitten der frommen Frau, ihre Mahlzeit zu unterbrechen und sich zur Andacht niederzuknien, schlugen die sieben in den Wind, ja schlimmer noch, sie begannen Gott und alle Heiligen zu schmähen und sogar den Himmel herauszufordern, worauf sich – voilà – die Erde auftat und sie allesamt verschlang, mit Ausnahme der geschmähten Gottesfrau, die eine stehengebliebene Erdscholle vor dem jähen Abgrund rettete.

Die Geschichte ist natürlich bar jeder wissenschaftlichen Grundlage, für den Schlund jedoch haben die Geologen eine eindeutige Erklärung parat: Seine bizarre Form verdankt sich der ständigen Unterspülung durch Grundwasser, das im Laufe der Jahrhunderte die sehr spröden Wände der Hügel aus Mergel zerbröckelt hat. Die sieben Brüder sind also weniger schuldbeladen als gedacht, aber wir müssen zugeben, dass der Ort einer der atemberaubendsten und überraschendsten der Langhe ist: Hat man den Ort Treiso verlassen, gelangt man nach einigen wenigen Kurven und Häusern an eine Haarnadelkurve, vor der sich die Leere öffnet. Eine Art gigantisches Loch, das an ein Amphitheater erinnert, eines dieser Naturwunder, die dem Besucher genau wie dem großen Beppe Fenoglio im Gedächtnis bleiben, der die Schlucht in seinen Romanen und Erzählungen verwendet hat.

Adresse SP 138 8, 12050 Treiso (CN) | **Anfahrt** die A 6 bei Carmagnola verlassen, dann bis Alba und danach bis Treiso fahren, den Ort in Richtung Cappelletto verlassen und den Schildern zu den Rocche dei Sette Fratelli folgen | **Tipp** Den Nachmittag beim Spaziergang durch Alba verbringen, um dann in Treiso im Sternerestaurant von Maurilio Garola, *La Ciau del Tornavento* speisen (Piazza Baracco 7, Tel. 0173/63833, www.laciaudeltornavento.it). Im ehemaligen Postamt, heute die *Locanda del Tornavento*, lässt es sich gut übernachten.

39 Die Künstlerkirche

Weine, Stuck und Kinder in Verduno

Für uns war Verduno vor allem ein kleines und malerisches Dorf mit wenig mehr als 500 Einwohnern, das mit einem atemberaubenden Ausblick von der Hügelkuppe lockt. Wie häufig bei den Recherchen zu diesem Band haben wir später viel mehr in ihm entdeckt. In erster Linie die Gegend des Pelaverga, eines autochthonen Weins mit würzigen Noten (wir haben auch die Begriffe der Fachsprache gelernt) und eines der DOC-Weine, die man mindestens einmal im Leben probieren sollte (sofern einmal genügt). Aber Verduno ist noch mehr. Es ist auch der Sitz des Studios von Valerio Berruti, einem talentierten, 1977 in Alba geborenen Künstler, der eine kleine Kirche (natürlich entweiht, aber mit vielen Stuckaturen und Altären) als Atelier erwählt hat.

Das Kirchlein stammt aus der ersten Hälfte des 17. Jahrhunderts und wurde während der großen Pest mit angrenzendem Friedhof errichtet, jedenfalls bis zu den napoleonischen Gesetzen, die vorschrieben, dass Begräbnisse abseits von Wohnorten stattfinden mussten. Das Gotteshaus ist San Rocco geweiht, dem Schutzheiligen der Pestkranken, aber auch der Krankenpfleger, Apotheker und sogar der Versicherer. Die Bravur von Berruti hat ihm Ausstellungen auf der Biennale von Venedig, der Italo-Chinesischen Biennale in Peking und der Quadriennale in Monza, aber auch in Seoul, New York, Tokio und Havanna eingebracht. Er erwarb die entweihte Kirche 1996 (hatte aber schon als Kind die Gewohnheit, Kirchen zu zeichnen). Nach zwei Jahren Arbeit zog er dorthin und verwandelte den Ort in sein Studio, während die ehemalige Wohnung des Priesters nun seine wurde. Da der Künstler hier zu Hause ist, kann die Kirche natürlich nicht besichtigt werden, aber wir empfehlen Ihnen innigst, sich einmal seine künstlerische Produktion anzuschauen, vielleicht über eine der Ausstellungen in der Gegend, denn seine Mädchen und Jungen in sehr beeindruckenden Abmessungen erfreuen die Augen und das Herz. Auch die große Wiese und das Belvedere im Zentrum von Verduno tun dies, ringsherum nur Weinberge und Hügel, herrlich.

Adresse Verduno, 12060 (CN), www.valerioberruti.com | Anfahrt Das Dorf Verduno erreicht man über die A 33 zwischen Asti und Alba, über die Ausfahrt Cherasco und dann über die SP 58 bis zur Ortsmitte. | Öffnungszeiten Wir drucken hier die E-Mailadresse von Valerio Berruti ab, wenn Sie ihm schreiben oder (unser Rat) in eines seiner Werke investieren möchten: info@valerioberruti.com. | Tipp Im Castello von Verduno befinden sich die ehemaligen Weinkeller von Savoyer-König Carlo Alberto. Heute ist es Restaurant, Hotel und Landwirtschaftsbetrieb, mit Weinproduktion (darunter der Verduno Pelaverga), deren Erzeugnisse Sie vor Ort kaufen können (Via Umberto I 9, Tel. 0172/470284, www.castellodiverduno.com).

40__Das Triptychon des Bermejo

Ein Meisterwerk des späten flämischen 15. Jahrhunderts

Der als de Cárdenas geborene Katalane Bartolomé Bermejo, auch als Bartholomeus Rubeus oder schlicht Rubeus bekannt, ist der wichtigste Vertreter der spanisch-flämischen Malerei des ausgehenden 15. Jahrhunderts und wird in der ganzen Welt bewundert, nicht zuletzt im Prado von Madrid. Eines seiner Meisterwerke befindet sich im Kapitelsaal der Kathedrale von Acqui, wohin es über verschlungene Wege gelangte. Das als Triptychon der Madonna von Montserrat bezeichnete Altarbild wurde um 1480 von dem in Spanien ansässigen Händler Francesco della Chiesa aus Acqui in Valencia für die Familienkapelle in der Kathedrale in Auftrag gegeben. Das mittlere Bild zeigt die Jungfrau mit sehr schönen, innigen Zügen und dem Kind. Daneben sieht man den Stifter auf Knien und in schwarzem Gewand. Die Madonna sitzt auf einer Säge und hält das Kind, das sich zu einem fliegenden, an einen Faden angebundenen Finken wendet. Ein Glanzstück der kompositorischen Monumentalität und des deskriptiven Realismus, von Farbenfülle und -glanz, kostbaren Details und spektakulärer Phantasiearchitektur. Auf den Seitenflügeln sieht man links die Geburt der Jungfrau (oben) und den Heiligen Franziskus, der die Stigmata erhält (unten), rechts die Präsentation Jesu im Tempel (oben) und den Heiligen Sebastian (unten). Auf den äußeren Flügelseiten ist die Verkündigung gemalt.

Auch die Kathedrale selbst, die seit dem 11. Jahrhundert ständig erweitert wurde, ist einen Besuch wert. Die Fassade unterhalb des Pronaos aus dem frühen 17. Jahrhundert schmückt das Eingangsportal aus der Frührenaissance von Giovanni Antonio Pilacorte von 1481: Inmitten des phantasiereichen Repertoires aus Flora und Fauna erscheinen San Maggiorino, erster Bischof der Stadt 325, und San Guido, Schutzheiliger von Acqui. Im Inneren der Kirche prägen die elegante Kanzel aus dem 19. Jahrhundert mit Marmor sowie die in Schiffe unterteilte Krypta mit 98 Marmorsäulen das Bild.

Adresse Cattedrale di Santa Maria Assunta, Via Domenico Barone, 15011 Acqui Terme (AL) | **Anfahrt** Acqui T./Piazza San Guido (Bus 012, 022, 024, 026), Bahnhof Acqui Terme | **Tipp** Unwiderstehlich die in Wein geschmorten Ravioli der seit 1968 bestehenden Teigwarenhandlung Emiliana Pesce (Via G. Marconi 1, Tel. 0144/324963). Unweit davon bietet Olivieri Funghi (Via Carducci 14, Tel. 0144/322558) hochwertige Konserven in Öl, Trockenpilze und gedämpfte Steinpilze.

41 Der verlorene Sohn

Die Bronze von Arturo Martini im Hospiz

In der Altstadt von Acqui Terme, inmitten der engen Gassen und den herrschaftlichen Palazzi um die Kathedrale, treten wir durch ein unscheinbares Portal in das Hospiz Jona Ottolenghi ein, das 1897 von einer der reichsten jüdischen Familien der Stadt, den Ottolenghi, gegründet wurde, denen auch die große Villa auf dem Hügel gehörte (siehe Ort 42). Im Innenhof erkennt man noch die Ursprünge des Gebäudes aus dem 15. Jahrhundert, das der »Staats-Architekt« des Faschismus, Marcello Piacentini, in den 1930er Jahren restaurierte, sowie einige Teile des Neubaus (1972). In der Mitte des Hofes kann unter einem modernen Vordach eine der wichtigsten Monumentalskulpturen der Gegend bewundert werden, die Bronzegruppe »Figliol prodigo« (»Der verlorene Sohn«) mit ihren zwei aufeinander zugehenden Figuren. Die 1927 realisierte Arbeit gehört zu den Hauptwerken von Arturo Martini aus Treviso, dem Meister von Terrakotta, Stein und Bronze. 1931 erwarb sie Graf Arturo Ottolenghi und stiftete sie in einer Geste aufklärerischen Mäzenatentums dem hiesigen Hospiz.

Hier finden sich weitere bedeutende Räumlichkeiten der 1930er Jahre (die Sala delle Minestre, der Club der Sempre vivi …) mit Gemälden von Ferruccio Ferrazzi, Fresken von Fiore Martelli, Schmiedearbeiten von Ernesto Ferrari, Gläsern von Pietro Chiesa sowie den Skulpturen von Herta von Wedekind, der Ehefrau von Arturo Ottolenghi, zu sehen. Ihr, der deutschen Künstlerfreundin, verdanken wir auch die Einrichtung der heimeligen Kapelle am Eingang mit ihrer Via Crucis.

Das Hospiz kann besichtigt werden und ist ein anschauliches Zeugnis für die jüdische Gemeinschaft von Acqui Terme, die sich im 16. Jahrhundert gebildet hat und wie die 1971 zerstörte Synagoge fast vollständig verschwunden ist. Weitere Spuren finden sich im Prato Ebraico, dem 1836 gegründeten Friedhof. Zwischen einer Pyramidenpappel und einer Myrtenhecke, Wegen und Grasflächen liegen Grabsteine und Stelen verteilt. Insgesamt 340 Gräber können hier bei Führungen von *Italia Nostra* besichtigt werden.

Adresse Casa di Riposo Ottolenghi, Via Verdi 2, 15011 Acqui Terme (AL) | **Anfahrt** Acqui T./Via Monteverde (Bus 012, 022, 024, 026), Bahnhof Acqui Terme | **Öffnungszeiten** Info: Tel. 0144/320648, www.casariposoottolenghi.it | **Tipp** Im Zuge der Restaurierung des Stadtzentrums eröffneten viele neue Restaurants. Wir empfehlen wegen seiner Speisekarte das Ristorante Nuovo Parisio (Piazzetta Verdi 3, Tel. 0144/442196) und La Loggia mit prächtigem Ambiente (Via dei Dottori 5, Tel. 0144/56877) im Viertel Pisterna.

42 Die Villa Ottolenghi-Wedekind

Die Akropolis der Künste

Dieses Anwesen ist vielleicht eines der faszinierendsten und am wenigsten bekannten Kapitel der italienischen Kunst, eine herausragende Komposition aus Architektur, Malerei, Kunstgewerbe und Gartenbau der 1930er Jahre. Die Villa Ottolenghi-Wedekind auf dem Hügel von Monterosso ist eine Akropolis der Künste mit weitem Blick auf Acqui Terme, ein Meisterwerk des Mäzenatentums, das der Graf Arturo Ottolenghi, seine Ehefrau Herta und in der Nachkriegszeit der Sohn Astolfo gestalteten.

Hier arbeiteten einige der besten Architekten, Künstler, Dekorateure und Landschaftsbauer der Epoche. Marcello Piacentini war mit Vaccaro und Rapisardi für die neuen Gebäudeflügel mit den Wohnungen für die Familie, dem Künstleratelier und den Toiletten zuständig (etwa die imposante Kellerzisterne). Der große italienische Gartenbaumeister Pietro Porcinai gestaltete 1955 sämtliche Grünflächen und deren Möblierung, darunter drehbare Marmorsessel, die heute noch verblüffen. Nicht zuletzt sind auch die Steinlöwen und die Skulptur des Tobias in der Mitte des Schwimmbeckens von Arturo Martini zu bewundern, dem Lieblingskünstler der Ottolenghi (siehe Ort 41).

Überall, ob in den Sälen oder den Freiflächen, ist die weihevolle Aura des Gebäudekomplexes und die künstlerische Lebendigkeit spürbar, mit der Arturo und Herta ihre Vorstellung vom Mäzenatentum gelebt und Künstler wie den genannten Martini, Ferruccio Ferrazzi, Depero, Adolfo Wildt, Fiore Martelli, Libero Andreotti und Venanzio Crocetti beauftragt haben, die auch hier wohnten.

Herausragend sind die Arbeiten aus Schmiedeeisen von Ernesto und Mario Ferrari: Tore, Vorhängeschlösser, Geldschränke, Pilze, Schildkröten, Vögel, Schnecken – Meisterwerke der Technik und Fertigkeit, wie sie in der Renaissance gepflegt wurden. Unter ihrem neuen Pächter Vittorio Invernizzi ist die Villa seit 2006 ein Winzerbetrieb, der zu Verkostungen und Veranstaltungen lädt.

Adresse Strada Monterosso 42, Borgo Monterosso, Acqui Terme (AL) | **Anfahrt** Vom Zentrum von Acqui Via Nizza (SP 456) in Richtung Nizza Monferrato einschlagen, an den Ausläufern der Stadt rechts in die Strada Monterosso abbiegen und noch circa einen Kilometer fahren. | **Öffnungszeiten** Führungen: Fr–So 14.30 Uhr (Infos und Reservierungen unter Tel. 02/94699507 und www.villaottolenghi.it) | **Tipp** Auf der größtenteils fußgängerfreundlichen Panoramastraße zur Stadt überqueren Sie den Fluss Bormida bis zum Ortsteil Bagni, wo sich noch die beeindruckenden Thermenanlagen aus den 1920er Jahren und das Wellnesscenter Il Lago delle Sorgenti befinden (www.lagodellesorgenti.it).

43__Arazzeria Scassa

Große Künstler in der Kartause von Valmanera

Es sind schon merkwürdige Dinger, diese Wandteppiche. Als Einrichtungsgegenstände sind sie den Teppichen verwandt, aber ihrer Kostbarkeit wegen hält man sie von schnöden Fußböden fern und hängt sie lieber an Wänden auf. Sagt man »Gobelin«, so kommen dem Leser wohl unmittelbar Bilder der Manufaktur in Aubusson oder berühmte Vertreter in Brüssel, den kapitolinischen Museen, europäischen Schlössern oder auf Kunstauktionen in den Sinn. Im Gegensatz dazu gibt es die dürftigen Kopien, die Kinder in den Häusern unverheirateter Tanten bewundern dürfen (vielleicht auch in Form von Kissenbezügen) mit eingerollten Katzen oder stolzen Hähnen auf grüner Flur. Und dann gibt es die Arazzeria Scassa in Asti, die wieder ganz etwas anderes ist. Beeindruckend und kostbar, ist sie einer der versteckten Schätze, bei dessen Auffinden man sich wie vor einem unveröffentlichten Modigliani fühlt.

Ugo Scassa, Gründer der gleichnamigen Werkstatt, begann seine Karriere im fernen 1957 und gewann 1960 die Ausschreibung für die Dekoration des Salons der ersten Klasse des legendären Transatlantik-Passagierdampfers »Leonardo Da Vinci«. Das Projekt sah insgesamt 16 Wandteppiche vor: sechs von Corrado Cagli, die anderen von Capogrossi, Turcato, Corpora, Santomaso und Bernini. Es folgten weitere Bestellungen für die Passagierdampfer »Michelangelo« und »Raffaello«, bei denen Scassa ebenfalls mit Cagli und Capogrossi zusammenarbeitete und später auch Emilio Vedova kennenlernte. Seitdem wurde Scassa der bevorzugte *arazziere* großer Künstler der Epoche wie Felice Casorati, De Chirico, Guttuso und Mastroianni bis hin zu Renzo Piano, der seine Zeichnungen mit Hilfe des von Scassa bevorzugten Hochwebstuhls in Wandteppiche überführte.

Scassa war ein echtes Phänomen, sodass ein ihm gewidmetes Museum in der Kartause von Valmanera eingerichtet wurde, das heute leider geschlossen ist. Aber die Wandteppiche sind noch da und können in der Werkstatt nach Terminaufnahme mit der Witwe Scassa einige Minuten lang bewundert werden.

Adresse Via dell'Arazzeria 60, 14100 Asti | **Anfahrt** A 21 Turin-Piacenza, Ausfahrt Asti Ovest, weiter Richtung Antica Certosa di Valmanera | **Öffnungszeiten** Besichtigungen nach Termin: www.arazzeriascassa.it, Tel. 0141/271164, Mail: ugscassa@tin.it | **Tipp** Eine halbe Stunde Autofahrt ist es bis nach Castelnuovo Calcea, wo der Hersteller mehrfach ausgezeichneter Weine, Michele Chiarlo, in seinem Art Park La Court (www.michelechiarlo.it) einen künstlerischen Rundweg der Land Art mit Künstlern wie Lele Luzzati, Chris Bangle, Ugo Nespolo und Balthasar Brennenstuhl geschaffen hat.

44_Asintrekking

Viel besser als Pet Therapy

Die Geschichte der Menschen ist voller Unsinn, der aus irgendwelchen Gründen für (und von) uns erschaffen wurde und sich unterschwellig in unsere Gehirne eingebrannt hat.

Darunter fallen solche Dinge wie das Monster von Loch Ness, der Balkon der Julia in Verona, die Tür der Hölle in Sibirien, die Bösartigkeit von Dobermann-Hunden und die Gelehrigkeit von Chihuahuas sowie *last, but not least* die Dummheit, Sturheit und Dickköpfigkeit von Eseln.

Von klein auf wurde jeder von uns wohl schon mal von Eltern, Lehrern oder böswilligen Kindern mit dem Spruch »Du bist ein Esel!« belegt, was uns damals sicher getroffen und manchmal gar verletzt hat.

Es ist noch nicht so lange her, dass Lehrer ihre Schützlinge mit der Drohung der Eselskappe ruhig stellten.

Hier möchten wir endlich den Mythos der Dummheit von den armen Tieren (und auch den kindheitsgeschädigten Autoren selbst) ein für alle Mal abschütteln, denn in Quarto Inferiore, einem Ortsteil von Asti, gibt es ein Asintrekking, bei dem man Ausflüge auf dem Rücken von Eseln unternimmt.

Die Tiere sind nämlich im Gegenteil hochintelligent und auch sehr liebevoll im Umgang, sodass man sie pausenlos umarmen und abküssen möchte.

Ein Asintrekking ist aus zwei Gründen einzigartig: Erstens macht es wirklich Spaß, auf diesen Pferdeartigen zu reiten, zweitens erfährt man eben aus erster Hand, dass Esel gar nicht so dumm sind. Ein Verdienst der Betreiberin Marina Ferrero, ihrer Tochter Gaia und ihrer unerwarteten und plötzlichen Liebe zu diesen so gar nicht störrischen Vierbeinern.

Wer seinen Körper gerne verwöhnt, sollte wissen, dass Marina und Gaia auch Kosmetikartikel auf Eselmilchbasis herstellen, die nachgewiesenermaßen Wunder wirken.

Wie bereits Kleopatra lehrte …

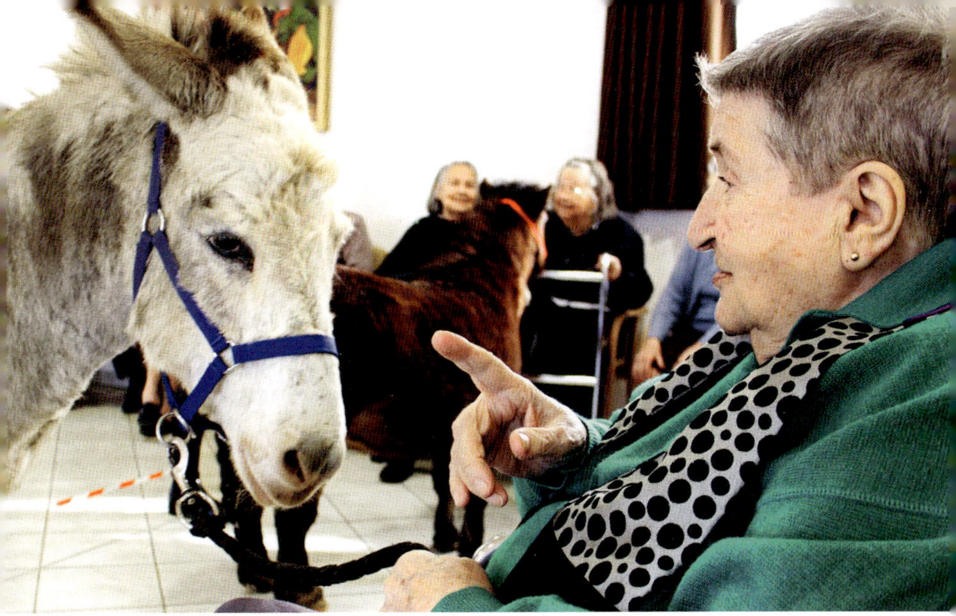

Adresse Località Antica Dogana 2d, 14100 Asti, Ortsteil von Quarto Inferiore | **Anfahrt** von der A 21 Turin–Piacenza–Brescia bei Asti Est abfahren und die SR 10 bis Quarto Inferiore nehmen | **Öffnungszeiten** für Infos zu Öffnungszeiten und Aktivitäten: www.asintrekking.com oder info@asintrekking.com, Gaia Tel. 340/9963233, Marina Tel. 347/1211148 | **Tipp** Wollen Sie sich nach einem Schwätzchen mit Marina und Gaia von der Eselsfarm in Richtung Stadt begeben, kommen Sie am malerischen mittelalterlichen Komplex San Pietro in Consavia vorbei, früher Sitz der Jerusalemer Kreuzritter und des Malteser Ordens (Corso Vittorio Alfieri 2; Eintritt kostenlos; Öffnungszeiten: unter Tel. 0141/399489).

45 Bonzanigo

Edle Hölzer und Pfirsichkerne

Eine Mischung aus schlichten und edlen Materialien (Elfenbein, Birnenholz, Pfirsichkerne ...), vollendete Eleganz und ein Auge für Details: Giuseppe Maria Bonzanigo (Asti 1745–Turin 1820) hat sich damals in Europa mit seinen hölzernen Mikro-Schnitzarbeiten verewigt. Der aus Asti stammende »königliche Holzbildhauer« der Savoyer arbeitete für ihre Residenzen in Turin, Moncalieri, Stupinigi und Venaria, war aber auch Liebling am Hof von Napoleon Bonaparte.

Bonzanigo entstammte einer Tessiner Familie von Bildhauern, die die idealen Bedingungen für die Ausübung ihrer Kunst im Piemont vorfanden, eine Region, die einige der größten Elfenbeinschnitzer und *minusieri* – Tischler – des Barock und Rokoko wie Luigi Prinotto und vor allem Pietro Piffetti hervorgebracht hat. Erbe dieser Tradition ist Bonzanigo, ein Stecher von Holzdekorationen und Möbeltischler, dessen Meisterwerke im Turiner Palazzo Madama ausgestellt sind und bis heute viele Savoyer Residenzen zieren, etwa das Schloss von Govone (siehe Ort 103).

In Asti erinnert eine im Jahr 1920 angebrachte Gedenktafel an der Fassade seines Geburtshauses am Corso Alfieri auf Höhe der Piazza Roma an ihn. Sie ist das Werk von Materno Giribaldi, einem aus Asti stammenden Bildhauer und Schüler von Bistolfi (siehe Ort 52). Aber in Asti kommt sein Talent besonders im nahen Stadtmuseum im Palazzo Mazzetti zum Ausdruck, der prächtigen, von Benedetto Alfieri entworfenen Residenz. Hier wird eine Auswahl von kürzlich neu geordneten Werken Bonzanigos an einem eigens eingerichteten Ort gezeigt: Zu bewundern sind Gemälde, Allegorien, religiöse Gegenstände aus edlen Hölzern, Schildplatt und Elfenbein, Schenkungen von Bürgern Astis und ganz Piemonts zu Anfang des 20. Jahrhunderts. Herausragend in ihrer Eleganz und Ebenmäßigkeit das Monument für Michelangelo und die Schnupftabakdose mit der Allegorie des Beistands und der Freundschaft. Im Museum ist auch das »Porträt von Carlo Felice di Savoia« von Amedeo zu sehen, einem Schüler von Canova, der zu den talentiertesten Erben von Bonzanigo zählt.

Adresse Museo Civico di Palazzo Mazzetti, Corso Vittorio Alfieri 357, 14100 Asti | **Anfahrt** A 21 Turin – Piacenza, Ausfahrt Asti Ovest, Richtung Stadtzentrum fahren: auf dem Corso Torino und Corso Alfieri weiterfahren, dort kostenlose und kostenpflichtige Parkplätze | **Öffnungszeiten** täglich 10 – 19 Uhr, für Infos und Führungen: Tel. 0141/530403, www.palazzomazzetti.eu | **Tipp** Die Jugendstil-Confiserie und Konditorei von Giuseppe Giordanino (Corso Alfieri 254, Tel. 0141/593802) ist bekannt für ihre »paliotti«, nach dem Palio von Asti benannte Süßigkeiten, und Kuchen wie der »Cabiria«, benannt nach dem italienischen Stummfilm von Giovanni Pastrone aus Asti.

46 Der Theaterpalast

Das Haus von Alfieri, die Bühnen von Guglielminetti

Auf Schritt und Tritt stößt man in dieser Stadt auf Vittorio Alfieri (1749–1803), den Dichter, Dramatiker und Intellektuellen, der aus seinem heimischen Asti mit dem berühmten Ruf »Volli, e volli sempre, e fortissimamente volli« die europäischen Salons und Theater eroberte. So gibt es den prächtig angelegten Palazzo aus dem Spätbarock (Werk des Benedetto Alfieri, eines nahen Verwandten), eine Stiftung, die als Studienzentrum im Geburtshaus wirkt und den Corso, der die gesamte Altstadt mit ihren mittelalterlichen Türmen, herrschaftlichen Anwesen und historischen Konditoreien durchquert.

Die 1937 als Zentrum für das Studium und die Forschung zu Alfieri und seinem Werk gegründete Fondazione Alfieri bewahrt Materialien, Kunstwerke und wichtige Archive. Seit 2017 ist in der Beletage des Palazzo das Museo Alfieriano mit dem Geburtshaus zu sehen, das die Person des Dichters und sein Verhältnis zu Asti beleuchtet. Sehr interessant der Abschnitt zu seinen Reisen in Italien und Europa. Im Kellergeschoss mit Gewölben aus rotem Backstein wird an eine weitere Größe des italienischen und internationalen Theaters erinnert, nämlich Eugenio Guglielminetti (Asti, 1921–2006), den gefeierten Bühnenbildner sowie Maler und Bildhauer (in den 1950er Jahren Gast der Biennale von Venedig).

Die Fondazione Guglielminetti mit ihrem Centro di Studi Teatrali e di Arte Figurativa eröffnete 2016 das Museum, in dem sich Zeugnisse aus 50 Jahren Arbeit für das klassische und moderne Theater (von Sophokles, Shakespeare und Goldoni und natürlich Alfieri bis hin zu Brecht und Ionesco), zur Musik, zur Oper und zum Tanz finden. Zu sehen sind Modelle aus verschiedenen Materialien, zwischen Bauhaus und expressionistischer Abstraktion, Bühnenbilder für die Theater ganz Europas, das italienische Fernsehen und große Regisseure, Choreographen und Schauspieler wie Aldo Trionfo, Loredana Furno, Milva, Ugo Gregoretti, Piero Angela und Luciana Savignano.

Adresse Palazzo Alfieri, Corso Vittorio Alfieri 375,14100 Asti | **Anfahrt** A 21 Turin–Piacenza–Brescia, Ausfahrt Asti Ovest, weiter in Richtung Zentrum, Parkplätze sind ausgeschildert | **Öffnungszeiten** Fondazione Alfieri (www.fondazionealfieri.it): Di–So 10–19 Uhr mit Smart Ticket, erhaltlich im Palazzo Mazzetti; Fondazione Guglielminetti (www.comune.asti.it): Sa 16.30–18.30 Uhr, So 15.30–18.30 Uhr, Besichtigungen nach Vereinbarung; für beide Infos unter www.astiturismo.it, Tel. 0141/530357 | **Tipp** Unweit von hier erhebt sich an der Piazza Roma Ecke Corso Vittorio Alfieri die neogotische Burg der Familie Medici del Vascello, die sich in der mittelalterlich geprägten Stadt komisch ausnimmt. Im Inneren des 1897 errichteten Gebäudes prangt ein historischer Turm, die Torre Clementina, mit ihren 38,40 Metern der zweithöchste der Stadt. Auf der Burg kann man in zwei luxuriösen Apartments übernachten (www.hastaluxury.com).

47 Die Torre di Lombriasco

Das ist ja der Geldspeicher von Onkel Dagobert!

Jetzt bitte alle festhalten. Es folgt die Meldung des Jahrhunderts, nur getoppt vom Watergate-Skandal … Sind Sie bereit für die große Enthüllung, für den Scoop? Bitte sehr: Der Geldspeicher von Onkel Dagobert, Fantastiliardär aus Entenhausen, befindet sich eigentlich in Asti.

Genau, Asti und nicht Entenhausen. Der Ort, wo die reichste Ente der Welt gerne ein Geldbad nimmt und den die meisten von uns gerne besitzen würden, um sich Kunstwerke, Reisen, Villen und alle Konzerte von Beyoncé für die kommenden Jahre zu kaufen.

Laut der Legende soll Carl Barks, der große Comiczeichner, 1947 Erfinder der Figur des Dagobert (Uncle Scrooge), gesagt haben, dass er sich für den Geldspeicher des alten Duck an einem mittelalterlichen Turm im Eigentum italienischer Bankiers namens Lombriasco inspiriert habe.

Das hörte die Eigentümerin des Turmes, Maria Augusta Mazzarolli, die von dieser Neuigkeit verständlicherweise etwas aus dem Häuschen war.

Aber zum Turm an sich: Er erhebt sich über dem Palazzo Gazelli di Rossana und ist, wie eben auch der Geldspeicher von Dagobert Duck, absolut unangreifbar, da er keine Fenster aufweist. Mit seinen 24 Metern Höhe (ursprünglich waren es wohl 36) hat er tatsächlich etwas mit dem Arbeitgeber von Carl Barks, Walt Disney, gemeinsam. Man erzählt sich nämlich, dass der Ahnherr der Familie, Pietrino del Ponte di Lombriasco, Großmeister des Malteser Ordens, genau wie Disney, dem Freimaurertum nahestand. So kann man auf dem Turm verglaste Backsteine finden, die den Kompass und das Dreieck nachbilden, bekannte Freimaurersymbole.

Schließlich waren die Lombriasco sehr einflussreiche Bankiers, die sogar dem König von England Geld geliehen haben sollen, was der ohnehin faszinierenden Geschichte noch zusätzlich Pfeffer verleiht.

Adresse Via Quintino Sella 46, 14100 Asti | **Anfahrt** A 21 Turin – Piacenza – Brescia, Ausfahrt Asti Ovest, weiter in Richtung Zentrum, Parkplätze sind ausgewiesen | **Öffnungszeiten** Der Palazzo kann nach Reservierung oder zu verschiedenen Anlässen besichtigt werden: Tel. 3487/152273, www.palazzogazelli.it. | **Tipp** Wer keine Angst hat, von seinem Arzt oder seinen Verwandten gescholten zu werden, begebe sich zum Käseladen Fucci in Piazza Statuto 9: eine echte Ali Baba-Käsehöhle mit über 200 hochwertigen Sorten aus ganz Italien, einer der besten des Landes.

48 Der Wal Tersilla

Als hier noch Wale lebten

Man schrieb das Jahr 1993. Es ist Herbst im ländlichen San Marzanotto (ein südlicher Ortsteil von Asti) und das Leben verläuft wie gewohnt in der täglichen Routine, bis auf die Tatsache, dass Signora Tersilla Straßenarbeiten aushalten muss, die den Zugang zu ihrem Weinberg verbessern sollen. Der Bagger wühlt, verteilt Erde aus der Grube am Rand, und plötzlich sind da diese merkwürdigen Steine. Nein, keine Steine, oder vielleicht doch?

Einige von ihnen haben wirklich eigenartige Formen, und auch der weiß-bräunliche Farbton gibt zu denken? Wenn es Fossilien von Walfischen wären? Frau Tersilla ist perplex. Ein Walfisch auf der Straße zu meinem Weinberg, denkt sich Frau Tersilla. Ist das möglich?

Zum Glück treffen bald schon die Fachleute des Ente Parco Paleontologico Astigiano ein, die beim genauen Hinschauen zur Entscheidung kommen, dass es sich nur um ein großes, ja gigantisches Tierskelett handeln kann. Angesichts der Abmessungen könne man wohl auf einen Wal tippen. Und so war es auch.

Der Fund mutet zwar überraschend an, aber eigentlich bekommen italienische Schüler im Erdkundeunterricht gelehrt, dass das Monferrato ursprünglich Meeresgebiet war. Alle glauben und lernen es, aber wenn man ein solches Skelett dann vor Augen hat, dann kippt man aus den Latschen.

Der Wal war nicht riesig, sondern auch noch intakt. Der Genauigkeit willen handelte es sich um einen ungeheuer kostbaren erwachsenen Bartenwal (statt Zähnen besitzt er Barten), der es auf sechs Meter Länge brachte und im Pliozän gelebt hat (vor circa 5,4–2,6 Millionen Jahren).

Es wurde beschlossen, den Wal zu Ehren der Eigentümerin des Weingartens »Tersilla« zu taufen.

Heute ist Tersilla (der Wal, nicht die Signora) im Paläontologischen Museum von Asti in ihrer Vitrine zu sehen. Auch in (zusammengesetzten) Stücken mutet sie majestätisch an.

Adresse Museo Paleontologico Territoriale dell'Astigiano, Corso Vittorio Alfieri 381, 14100 Asti (AT) | Anfahrt die E 70 Turin–Piacenza–Brescia bei Asti Ovest verlassen, weiter in Richtung Zentrum, Parkplätze sind ausgewiesen | Öffnungszeiten Mo–Do 10–16 Uhr, Sa, So 10–13 und 16–19 Uhr (15–18 Uhr in der Sommerzeit), www.museodeifossili.org | Tipp Wenn Sie sich schon einmal in einem paläontologischen Museum aufhalten (was wohl nicht alle Tage geschieht), dann kosten Sie die Erfahrung weidlich aus, denn es gibt viel zu entdecken. Dazu können Sie sich auf den Seiten der Region und über Besichtigungen und verschiedene Aktivitäten »für Große und Kleine« informieren.

49 Die Gipsoteca von Monteverde

Preisung und Gedenken

Der heute fast vergessene Bildhauer Giulio Monteverde (1837–1917) war ein echter Star der Kunst des 19. Jahrhunderts. Der unangefochtene Meister der Fest- und Gedenkskulptur kam im Ort Bistagno unweit von Acqui Terme zur Welt. Im ehemaligen Schulkomplex des Ortes ist heute eine ihm gewidmete Gipsfigurensammlung untergebracht, eine von nur fünf musealisierten *Gipsoteche* im Piemont, zusammen mit denen von Bistolfi in Casale Monferrato.

Die Gipsoteca Giulio Monteverde zeigt 26 Gipsstudien, darunter großformatige wie das Reiterporträt des Königs Vittorio Emanuele II., von denen die meisten Stiftungen oder Leihgaben der Stadt Genua sind. In Umsetzung, Formensprache und Sujet handelt es sich um ganz unterschiedliche Skulpturen, die sehr gut ausgestellt und erläutert werden. Zu sehen ist etwa »Il Tessitore« (1878), ein Marmormodell, das Alessandro Rossi, Inhaber der Wollweberei im venezianischen Schio, seinen Angestellten widmete, sowie festliche Grabmonumente, wie jenes für Carlo Sada (1876), Architekt am Königlichen Hof, und ein von der Stadt Buenos Aires für den städtischen Friedhof in Auftrag gegebenes Kruzifix (1886). Ein Saal ist den Gipsstudien des Denkmals für Vincenzo Bellini in Catania mit den beiden weiblichen Figuren aus der »Norma« und der »Schlafwandlerin« gewidmet (1883). In der Ausstellung findet sich auch die letzte Skulptur von Monteverde (1917), eine Darstellung des Freunds und Senators Giuseppe Saracco (1821), ebenfalls aus Bistagno gebürtig und einer der wichtigsten Modernisierer dieser Region, der sich für die Thermen von Acqui stark machte. In Saal V der Gipsoteca wird die Geschichte des berühmten Engels für das Grabmal des Bankiers Francesco Oneto (1882) auf dem Genueser Friedhof Staglieno erzählt. Das unzählige Male von anderen Künstlern ganz Europas kopierte Antlitz erwählte schließlich Monteverde selbst für seine Grabkapelle auf dem römischen Friedhof Verano.

Adresse Via Carlo Testa 3, 15012 Bistagno (AL) | **Anfahrt** von der SP 30 den Schildern nach Bistagno folgen | **Öffnungszeiten** Sa, So und Feiertage 10.30–12.30 und 15–18 Uhr (Mai–Okt.), zu anderen Uhrzeiten oder Jahreszeiten nach Reservierung (www.gipsotecamonteverde.it) | **Tipp** Auf dem Rückweg Richtung Acqui Terme lohnt der malerische Park der Villa Il Quartino einen Abstecher, der früher den Marchesen Scati in Melazzo gehörte und heute auch B&B und Restaurant ist (www.villascati.it, Tel. 0144/41628). Das Anwesen wurde unter anderem durch den Architekten Giovanni Cerruti im späten 19. Jahrhundert erweitert (der Baumeister der berühmten Ädikula der Bollente in Acqui und des Naturkundemuseums in Mailand).

50__Barock aus Lugano

Die Stuckaturen von San Lorenzo

An der Zugangsstraße zu diesem kleinen Ort lässt diese Kirche den Besucher mit ihren raffinierten Stuckarbeiten staunend zurück.

Bilder von Heiligen und ihren Geschichten nehmen die gesamte Bildfläche ein, Scharen von musizierenden Engeln, Blumenverzierungen, Gesimse und Girlanden schmücken die Wände des Presbyteriums und der Seitenkapellen von San Lorenzo. In ihrer verschwenderisch-schönen Plastizität, der Eleganz ihrer Polychromie und ihrer überraschenden Erzählfertigkeit sind sie unfehlbar ein Werk von Künstlern aus dem fernen Lugano.

Das ist gar nicht so überraschend, denn Jahrhunderte lang waren Handwerker aus dem Tessin für ihre Kunstfertigkeit sehr angesehen und gefragt. Auch Francesco Borromini, der große Barockarchitekt der Savoyer, war ursprünglich Steinmetz und stammte aus der Umgebung von Lugano. Im 17. und 18. Jahrhundert griffen die Savoyer stark auf Kunsthandwerker und Marmorkünstler aus Lugano zurück, deren Meisterschaft prächtige und schwungvolle Stuckaturen und Verzierungen schuf, die heute noch die herzoglichen Residenzen wie das Castello del Valentino und einige Räume der Venaria Reale schmücken.

Hier in der Umgebung von Asti, einem Landstrich großer Kathedralen und ländlicher Kirchen aus den romanisch-gotischen Jahrhunderten, wurde die Innendekoration von San Lorenzo in den Jahren 1630 bis 1660 von den bedeutenden Familien der Valperga di Masino, den Villa und den Asinari aus Camerano und Casasco gestiftet. Heute sind die Stuckarbeiten dank der Restaurierung der Turiner Società Rava E C S.r.l. von 2004 bis 2010 wieder vollständig lesbar.

Die Fassade mit Gebälk und Nischen ist, wie vieles an der äußeren Verzierung und des hohen Kampanile, eine »stilechte« Adaption der 1930er Jahre durch den Architekten Alfonso Chioccarello, nicht allein durch ihre für die Region eher ungewöhnliche Komposition, sondern auch aufgrund des frühen wie überreichlichen Einsatzes von Stahlbeton für den Außenputz, die künstlichen Quader, Verzierungen, Gesimse und Pronaos.

Adresse Via Brichetto 46, 14020 Camerano (AT) | **Anfahrt** die E 70 Turin–Piacenza–Brescia bei Villafranca d'Asti verlassen und weiter nach Camerano | **Öffnungszeiten** So 9.30–12 Uhr und während der Gottesdienste; Informationen und Besichtigungen bei der Gemeinde von Camerano Casasco, Via Brichetto 3, Tel. 0141/992153 | **Tipp** Gegenüber der Kirche steht das Castello von Camerano, Eigentum der einflussreichen hiesigen Familien Del Carretto, Asinari und Balbo. Unweit von hier befindet sich in Montechiaro d'Asti eine der bezauberndsten romanischen Kirchen der Gegend, die den Heiligen Nazarius und Celsus geweiht ist und sich inmitten der Felder durch ihren Kirchturm und den Farbeffekt der Back- und Sandstein-Fassade abhebt.

51 Dom Sant'Evasio

Narthex und Dachboden

Eines der großen Meisterwerke der piemontesischen Romanik ist der Sant'Evasio geweihte Dom in Casale, der 1107 errichtet und im darauffolgenden Jahrhundert neu erbaut wurde. Er enthält bedeutende Mosaike und einen herrlichen Holzchristus aus dem 13. Jahrhundert. Aber uns hat immer der Narthex gefallen, der in der italienischen Architektur der Zeit einzigartig ist und an den Mittleren Osten oder an die Moschee von Cordoba erinnert.

Es handelt sich um einen großen und ganz originellen Raum, über dem ein Gewölbe mit mächtigen Rundbögen thront. Diese formen ein Schachbrettmuster mit neun Feldern, die ihrerseits wieder von Kreuz- oder Tonnengewölben überspannt sind. All dies erzeugt ein gigantisches Atrium, eine Art Theaterfoyer: ein Ort zum Rasten und Staunen, ein Präludium der eigentlichen Kirche mit ihren fünf Schiffen. Darüber hinaus ist der Narthex auch einer der am besten erhaltenen Teile des ursprünglichen Baus. Er überlebte sogar die Restaurierung (oder besser: den Neubau) durch Edoardo Arborio Mella, einen in Italien im Piemont im 19. Jahrhundert tätigen Baumeister, der die Fassade neu konzipierte und die Kapitelle sowie Gewölbe im Inneren veränderte und mit Fresken schmückte.

Neben ihren schieren Dimensionen beeindruckt der Narthex auch durch eine vollendete Stimmigkeit aller Teile: die der verwendeten Materialien und des dekorativen und ästhetischen Gesamteindrucks; stimmig ist aber vor allem auch das Verhältnis von Form und Bau: Die wunderschönen Rippen drücken mit voller Pracht die ihnen übertragende Funktion als Stützen des gesamten Gewölbes aus.

Nun, so weit das Gebäude. Verpassen Sie nicht den Museumsrundgang in den *Sacrestie Aperte* und den Ausstellungssälen mit Mosaiken aus dem 13. Jahrhundert, Silberzeug, Goldschmuck und wertvollen Stoffen. Nehmen Sie sich die Zeit für den archäologischen Rundweg auf den Dachböden. Auf einem Metallsteg steigen Sie hier über den oberen Teil der Gewölbe, erfahren die Bauphasen der Kirche und bewundern Einzelheiten, die Ihnen unten entgangen wären.

Adresse Duomo di Sant'Evasio, Largo Monsignor Giuseppe Angrisani 1; Museumsrundgang Sacrestie Aperte, Via Liutprando, 15033 Casale Monferrato (AL) | Anfahrt die Autobahn A 26 bei Casale Monferrato verlassen, weiter auf der SP 55 und Via Negri in Richtung Castello dei Paleologi: großer Parkplatz davor oder am Platz San Francesco d'Assisi, dann ein Stück zu Fuß | Öffnungszeiten Dom: 8.30–12 und 15–18.30 Uhr; Sacrestie Aperte (Via Liutprando): Fr, Sa 9–12 und 15–18 Uhr, So 15–18 Uhr (Jan.–Feb. nur nach Termin, Tel. 0142/452219). Der archäologische Rundgang unterhalb der Dachböden findet jeden zweiten Sonntag im Monat um 15, 16 und 17 Uhr oder nach Reservierung statt. | Tipp Libro Idea von Daniele Magnani und Familie ist ein Muss für Freunde von seltenen Büchern zu Kunst, Architektur und Lokalgeschichte zu halbem Preis: zwei Läden, ein »historischer« in der Via Duomo 5 (auch So geöffnet, Tel. 0142/452114), ein größerer in der nahen Via Trevigi 17 (Tel. 0142/75966).

52 Gipsoteca Bistolfi

Symbolismus und Jugendstil

Das Piemont ist eine Region mit einem ungewöhnlichen Reichtum an öffentlichen und privaten Gipsfigurensammlungen, in denen vorbereitende Gipsentwürfe großer Skulpteure gezeigt werden. Zusammen mit der Gipsoteca Monteverde (siehe Ort 49) ist die von Leonardo Bistolfi besonders geeignet, den künstlerischen Werdegang des Künstlers mit einer reichhaltigen Sammlung anschaulich darzulegen. Eine Gelegenheit, die man nutzen sollte, handelt es sich doch um den größten italienischen Bildhauer in der Epoche des Symbolismus und Jugendstils. Der in Casale Monferrato 1859 geborene und 1933 in Turin gestorbene Bistolfi hat mittlerweile weltweiten Ruhm erlangt.

Die Gipsoteca Bistolfi verdankt sich der Sammelleidenschaft von Camillo Venesio, die sich später in Mäzenatentum verwandelt hat. Venesio war ein wichtiger Wortführer des kulturellen Lebens von Casale (außerdem Bankier und Gründer der heutigen Banca del Piemonte), der 1958 einen ersten Teil von 80 Werken der Öffentlichkeit stiftete. Heute befindet sich die Gipsoteca im Erdgeschoss des alten Klosters von Santa Croce, Sitz des Städtischen Museums, zu dem auch die schöne Pinakothek mit Werken von Martino Spanzotti, Guglielmo Caccia, Pier Francesco Guala und Angelo Morbelli gehört. Hier steht auch eines der schönsten Gemälde des piemontesischen 17. Jahrhunderts, das zauberhafte Selbstporträt von Niccolò Musso, einem Meister aus Casale, der den Spuren Caravaggios folgte.

Von der ersten Eingebung, die unverzüglich im Ton Formen annahm, über den nachfolgenden Entwurf aus Gips bis zum endgültigen Kunstwerk zeigt die Gipsoteca Bistolfi circa 170 Skulpturen in Form von Terrakotta, Zeichnungen, Knetmasse, Entwürfen, Gipsmodellen sowie einigen Marmor- und Bronzearbeiten. Beeindruckend sind diese, weil sie vom Entstehungsprozess einiger berühmter Gedenkskulpturen erzählen (von Garibaldi bis hin zu Carducci, dem ersten italienischen Nobelpreisträger für Literatur), die man auf Plätzen und Friedhöfen ganz Italiens und darüber hinaus wiederfindet.

Adresse Via Camillo Benso Cavour 5, 15033 Casale Monferrato (AL) | Anfahrt Ausfahrt Casale Monferrato Sud von der Autobahn A 26, weiter auf der SP 55, dann einbiegen in Via Negri in Richtung Via Cavour, Parkplätze unmittelbar außerhalb der Altstadt | Öffnungszeiten Do 8.30–12.30 und 14.30–16.30 Uhr, Fr–So und Feiertage 10.30–13 und 15–18.30 Uhr (Infos: www.comune.casale-monferrato.al.it/museo) | Tipp Ein Rundweg auf den Spuren von Leonardo Bistolfi in Casale bringt Sie vom grandiosen Monument von 1928 für die Gefallenen des Ersten Weltkriegs (Giardini Pubblici, Viale De Cristoforis) zum Innenhof des Palazzo San Giorgio, Sitz des Rathauses, bis zum Monumentalfriedhof mit zahlreichen Marmor- und Bronzearbeiten (Via Negri, täglich geöffnet: Okt.–Feb. 8–17.30 Uhr, März–Sept. 7.30–18.30 Uhr).

53 Der Park Eternot

Gedächtnis, Ehrung und Sieg über den Asbest

Eternit, Asbest, Pleuramesotheliom, Asbestlunge. Und viele Tote. Das sind die Schlüsselwörter des »Eternit-Skandals«, eines der dunkelsten Kapitel im Arbeitsrecht in Italien und eine Umweltkatastrophe ohnegleichen. Casale Monferrato war eine Stadt der Industrie und des Aufschwungs, dann des Todes und schließlich des Kampfes und der Befreiung: all dies dank Eternit, dem Konzern, der hier sein weltgrößtes Werk von Asbest-Fertigerzeugnissen hatte. Kannte man anfangs noch nicht alle Gefahren, betrafen die jüngsten Klagen und Gerichtsprozesse genau die zeitliche Schwelle zwischen Bewusstsein und Fahrlässigkeit, also den Bereich der Schuld: Bis wann war das Unternehmen wirklich im Unklaren über die Gefahren in Verbindung mit der Verarbeitung von Asbest? Die Stadt durchlitt ein langes, kollektives Drama, auf das eine große Erlösung folgte. Aber jenseits des Einzelfalls Casale geht es auch um Umweltvergehen und öffentliche Gesundheit im Allgemeinen.

Aus dieser langwierigen und schmerzhaften Geschichte ging der Park Eternot hervor, der am 10. September 2016 im Viertel Ronzone eingeweiht wurde. Ein nicht zufällig gewähltes Datum, denn am selben Tag öffnete Eternit 1907 die Werktore für die Arbeiter aus Casale. Anstatt der Fabrik, in der sogar das reine Atmen gefährlich war, ist diese neue Fläche des Gemeinschaftswohls auch ein Statement für die sozialen Werte und den Aufbau einer bewussteren Zukunft, eine Hommage an den »kollektiven zivilen Ungehorsam« einer Gemeinschaft, die unter Aufbringung aller Mittel Krankheit und Tod ihrer Verwandten und Freunde verarbeiten musste. Das »Eternot Gewächshaus« im Park ist ein Denkmal aus Pflanzen von der Künstlerin Gea Casolaro, das lebt und sich ständig verwandelt. Die Pflänzchen am *Davidia Involucrata*, auch genannt Gespenster-, Taschentuch- oder Taubenbaum, werden kultiviert, um jeden 28. April des Jahres (dem Welttag der Asbestopfer) an Orte und Menschen verschickt zu werden, die sich dem Kampf gegen Asbest in Italien und der Welt verschrieben haben.

Adresse SP 7 14, 15033 Casale Monferrato (AL) | **Anfahrt** Ausfahrt Casale Monferrato Sud von der Autobahn A 26 nehmen, weiter Richtung Casale, durch das Zentrum, dann die SP 7 in Richtung Coniolo einschlagen. Der Park liegt gleich hinter dem Kanal Lanza, an den Ausläufern des Ortes. | **Öffnungszeiten** immer geöffnet; viel Material hält die Webseite bereit: www.comune.casale-monferrato.al.it/vivaioeternot, Infos zu Monferrato Casalese: www.monferrato.org | **Tipp** Ganz in der Nähe des Parkes liegt die Hosteria Galletto (Via XX Settembre 117, Tel. 0142/435159). In zehn Kilometern Entfernung zeigt das Deposito Museale Enrico Colombotto Rosso (Corso Roma 8, Pontestura, Tel. 0142/466134) im Palazzo Civico etwa 150 Werke des bekannten Künstlers, der 2013 in Casale gestorben ist.

54 Die Synagoge und die Museen

Casale, ein Zentrum jüdischen Lebens

Obwohl die jüdische Gemeinde im gesamten Monferrato verbreitet war und eine kulturelle Blütezeit erlebte, hat ihre Präsenz heute stark abgenommen. In Acqui Terme, Trino und Nizza Monferrato sind die Gemeinden verschwunden; wenige Familien leben noch heute in Valenza, Moncalvo und vor allem Casale. In den beiden letztgenannten Orten wandeln Besucher auf den Spuren eines reichen historischen und künstlerischen Erbes, das hervorragend für den Tourismus aufbereitet wurde, was insbesonder für Casale gilt, die »Hauptstadt« des Basso Monferrato. Als Savoyer-König Carlo Alberto 1848 mit dem Albertinischen Statut auch den Juden Bürgerrechte gewährte, zählte Casale über 850 jüdische Bewohner. Bereits 1931, also lange vor den italienischen Rassegesetzen 1938, war ihre Zahl auf 112 gesunken. Obwohl sich ihre Zahl heute weiter verringert hat, ist das Angebot an kulturellen Aktivitäten außerordentlich groß.

Wir empfehlen Ihnen eine der angebotenen, sehr entspannenden Führungen im weitläufigen »israelitischen Ensemble«, in dessen Zentrum die 1594 erbaute Synagoge ist, ein prächtiges Beispiel des piemontesischen Barocks. In den Emporen und im ersten Geschoss der beiden angrenzenden Gemeindehäuser befindet sich das Museum der Kunst und der alten jüdischen Geschichte (das Museo degli Argenti) mit einer der bedeutendsten Sammlungen Europas, darunter die Gesetzestafeln aus dem 18. Jahrhundert aus vergoldetem Holz, *rimonim* (Endstücke für Schriftrollen der Gesetze) und *atarot* (Kränze für Schriftrollen), alle sehr erlesen getrieben, ziseliert oder in Silberfiligran gewirkt.

Unerwartet und ein Zeichen für die Lebendigkeit des Ensembles ist das Museo dei Lumi, das 1994 anlässlich des 400-jährigen Bestehens der Synagoge eröffnet wurde und heute, als einziges der Welt, einen Teil der rituellen neunarmigen Kandelaber (*Chanukkiot*) ausstellt, Schenkungen bekannter Künstler und Designer Aldo Mondino, Elio Carmi, Lele Luzzati, Giosetta Fioroni und Roland Topor.

Adresse Sinagoga e Museo d'Arte e Storia Antica Ebraica, Vicolo Salomone Olper 44, 15033 Casale Monferrato (AL) | Anfahrt die Autobahn A 26 bei Casale Monferrato Sud verlassen, weiter auf der SP 55 und Via Negri in Richtung Castello dei Paleologi: großer Parkplatz davor oder am Platz San Francesco d'Assisi, dann wenige Minuten Fußweg | Öffnungszeiten Sommer: Mo–Fr 8.30–12.30 Uhr (nach Reservierung, Tel. 0142/71807), So 10–12 und 15–18 Uhr; Winter: So Schließung um 17 Uhr; Infos zur Jüdischen Gemeinde sowie zu Initiativen und Besichtigungen: www.casalebraica.info | Tipp Der Palazzo d'Anna d'Alençon (in Via Alessandria) war im frühen 16. Jahrhundert Residenz der Marchesin des Monferrato, der pittoreske Innenhof.

55_Der Zweibaum

Traute Zweisamkeit

Casorzo ist eine kleine Gemeinde mit etwa 600 Bewohnern in den Hügeln in der Provinz von Asti. Die Kirche (imposant gegenüber dem Rest des Ortes) liegt etwas erhöht mit schönem Ausblick, wie immer in den kleinen Dörfern der Provinz. Eine zweite Kirche, dem Heiligen Georg und der Madonna delle Grazie geweiht, besitzt eine eigentümliche runde Fassade aus dem 19. Jahrhundert (ein wenig wie das Pantheon, aber mit einer umführenden Säulenhalle) und vorne eine schöne Freitreppe, die sie noch eindrucksvoller macht. Was Google (zugegeben ein geniales Tool) hier als hervorragendste Sehenswürdigkeit ausweist, sind jedoch weder die Kirchen noch die gleichnamigen Motormäher, die anderswo produziert werden, sondern der Zweibaum von Casorzo.

Der Name sagt schon alles: Zwei Bäume, die zusammen in perfekter Symbiose leben, wie ein verliebtes Pärchen, bei dem der eine ohne den anderen einfach nicht kann. Es handelt sich um einen Kirschbaum, der auf der Spitze eines Maulbeerbaums gewachsen ist. Einfach phantastisch. Stellen Sie sich einen enormen und alten Maulbeerbaum vor (es gibt viele in der Gegend, Erinnerung an die frühere Seidenindustrie), der auf dem Gipfelpunkt seines Stamms, dort wo sich seine Zweige erhaben öffnen, seinen Lebensraum plötzlich mit einem Eindringling, dem Kirschbaum, teilen musste. Dieses nichteheliche Paar ist der Star des Ortes geworden, ziert einige Fachzeitungen und macht mit seinem unterschiedlichen Blattwerk und der doppelten Blüte auf der Straße zwischen Casorzo und Grana auch immer eine gute Figur.

Der Maulbeerbaum bietet dem Kirschbaum Halt, der in der Zwischenzeit, unbeweglich, zu enormer Größe anwächst. Es ist etwas Geheimnisvolles in diesem Phänomen, das die Betrachter buchstäblich sprachlos zurücklässt, die sich wie Kinder fragen: »Ist das wirklich möglich?« Wie jeder echte Star besteht der Zweibaum auf Bewunderung und Ruhm und besitzt nun auch einen schönen Lattenzaun drumherum mit einer Sitzbank darin, auf der jeder ihn in seiner Schönheit und Sympathie bewundern kann. Ja, denn er ist ein sympathischer Star.

Adresse an der Straße zwischen Casorzo und Grana, SP 38 4, 14032 Casorzo (AT) | **Anfahrt** E 70 bei Asti Est abfahren, weiter auf der SS 706, dann auf der SP 29 in Richtung SP 38 bis Casorzo | **Öffnungszeiten** wann Sie wollen, am schönsten natürlich bei Sonnenauf- oder -untergang | **Tipp** Ein Spaziergang in Casorzo lohnt sich, zu entdecken gibt es die Kirche von San Giorgio und Madonna delle Grazie, von deren ursprünglicher Anlage aus dem 13. Jahrhundert noch romanische Reste an der rechten Seite und an der Apsis aus gelbem Tuffstein geblieben sind. Auf der Nordseite wurde im 19. Jahrhundert ein Bau mit kreisförmigem Grundriss eingefügt. Eine weitere berühmte Kirche mit rundem Säulengang ist die der Santi Martino e Stefano im nahen Montemagno.

56_Die Fässer von Gamba

Jedes Fass mit 150-jähriger Geschichte

Grundlegende Voraussetzung für einen guten Wein sind oft hervorragend gefertigte Fässer aus geeignetem Holz (auch minderwertige Weine werden durch ein gutes Fass gewissermaßen nobilitiert). Die Abmessungen des Fasses und das Alter des Holzes besitzen ebenfalls Auswirkungen auf den Wein, die Sauerstoffzufuhr und das Aroma.

Die beiden Autoren dieses Bändchens sind selbst keine Winzer, besitzen keine diesbezüglichen chemischen Kenntnisse und haben auch keine Sommelier-Kurse besucht. Jenseits der Faszinationskraft, den ein solcher Aspekt für uns Laien (und wohl einen Großteil unserer Leser) ausübt, ist interessant zu bemerken, dass ein Fass nicht nur den Wein bewahren, sondern in viele Fällen verbessern oder jedenfalls verändern soll.

Hier im Herzen des Monferrato fertigt Familie Gamba seit über zwei Jahrhunderten Fässer (das entspricht sieben Generationen), die ausschließlich mit Steineichenholz aus verschiedenen französischen Departements wie Allier, Cher (nicht die Sängerin), Vosges (wie der Platz in Paris), Fontainebleau (mit dem berühmten Schloss), Tronçais, Nevers, Borgogna und Limousin (hat übrigens nichts mit langgestreckten Automobilen zu tun) gefertigt werden.

Die Reifung erfolgt direkt im Monferrato unter freiem Himmel auf dem Vorplatz des Betriebs auf gänzlich natürliche Art, bei dem das Holz Unwetter, Hitze und Kälte ausgesetzt ist: Nur so können jene Fässer entstehen, die zu den weltweit besten zählen.

Für einen Barrique müssen unbedingt ausgezeichnetes Holz und großes handwerkliches Geschick zusammenkommen. Dies vereinigt der heutige Betrieb unter Eugenio Gamba zur Perfektion, der zusammen mit Sohn Mauro auch über 150 Jahre alte Hölzer auswählt, die fast so alt wie das Unternehmen selbst sind. Botti Gamba ist ein handwerklicher Betrieb mit internationaler Reputation, wie es sie nur in Italien gibt. Auszeichnung und Stolz für diese Region.

Adresse Via Statale 108/B, 14033 Castell'Alfero (AT) | **Anfahrt** E 70 Turin – Piacenza – Brescia, Ausfahrt Asti Est nehmen, dann weiter in Richtung Castell'Alfero | **Öffnungszeiten** Infos: www.bottigamba.com | **Tipp** Das Ristorante del Casot (Serra Perno 76, Tel. 0141/204118, www.ristorantedelcasot.it) bietet ausgezeichnete Küche und ein familiäres Ambiente. Etwa zehn Minuten mit dem Auto sind es zum Landwirtschaftsbetrieb Fratelli Durando in Portacomaro (Viale A. Degiani 33, Tel. 327/7867161, www.fratellidurando.it), wo man Wein, Haselnüsse, Eier und andere Gaumenfreuden aus eigener Produktion erwirbt.

57 Ein Spaziergang mit Lamas

Animal Walk mit Ute und Inge

Anna ist das erste Lama, das auf den malerischen Hügeln über Acqui Terme gesichtet wurde. Sie kam 2013 hierher und besitzt daher das Recht auf einen führenden Platz in der Gruppenhierarchie. Artù mit seinen tiefgründigen und wunderschönen Augen ist ihr Sohn, den sie beschützt. Drängt sich ihm ein rangniederes Weibchen auf, dann stellt die Lama-Mama durch Spucken die Grundordnung wieder her. Auch Luv mit seinem weichen braunen Fell fängt an zu spucken, wenn man ihm den Rücken krault. Die blonde Lucrezia und ihre Tochter Lola, ein Lama mit einem hellblauen und einem braunen Auge, sind reservierter. Die scheckige Lià ist die geduldigste von allen. Neben ihnen rennen die Alpaka der »wissenschaftlichen Gruppe«: Leonardo, ihr Anführer, Einstein und Galileo.

Lamas und Alpakas sind Kamelartige und südamerikanischen Ursprungs, auch wenn sie freilich verschiedenen Familien angehören. Untereinander streiten sie, führen komplexe Beziehungen, stellen Rangordnungen und Rollen auf. Am Abend spielen alle zusammen unter Leitung eines der Herdenführer. Dies geschieht auch, um die Gruppe in eine Art »Team Building« zusammenzuschweißen.

Die 15 Lamas und drei Alpakas des Animal Walk weiden auf den Wiesen zu Füßen des Gebirgsdorfs Cavatore mit seinen um einen Turm und eine Kirche gedrängten Häusern. Die Betreiber Ute und Inge sind zwei energische und sehr angenehme deutsche Damen, die in der hiesigen italienischen und internationalen Gemeinschaft perfekt integriert sind. Kinder wie Erwachsene können zusammen mit den Tieren Wanderungen und Spaziergänge mit verschiedenen Themen antreten und hier Harmonie, Stille und Gleichgewicht (wieder) finden. Ute aus Frankfurt ist Anfang der 2000er Jahre aus »Zufall« hergekommen, zehn Jahre später kam Inge aus Bayern, um ihr Gesellschaft zu leisten. Ziel ihres Unternehmens ist es, das zerrissene Band zwischen Mensch und Natur wiederherzustellen.

Adresse A.S.D. Animalwalk, Valle Ferri 21, 15010 Cavatore (AL) | **Anfahrt** die E 70 Turin–Piacenza–Brescia bei Felizzano oder Alessandria Sud in Richtung Acqui Terme verlassen, in der Nähe von Bagni weiter auf der SP 201 nach Cavatore | **Öffnungszeiten** Aktivitäten je nach Jahreszeit, Infos dazu auf www.animalwalk.eu, Tel. 338/3729076 | **Tipp** Genau neben dem Animal Walk liegt die A.S.D. Scuderia Valle Ferri, die Aktivitäten mit Pferden anbietet (www.scuderiavalleferri.com) und über den sehr schönen Agriturismo Orto dei Nonni di Lidia Oggioni verfügt (Tel. 0144/323165).

58__Das Ökomuseum Pietra da Cantoni

Die Königin der Bausteine

Pietra da Cantoni: Schon der Name lässt uns an Häuser und Kanten denken. Aber was steckt dahinter? Kurz und knapp gesagt: einer der kostbarsten Bausteine Italiens zusammen mit dem Lecceser Stein (wer schon einmal in der herrlichen apulischen Stadt war, weiß weshalb).

Seine Geschichte beginnt vor circa 22 Millionen Jahren, als der Monferrato noch etwas anders aussah als heute; Millionen Jahre später können wir diesen Stein immer noch bewundern. In diesem Territorium ist er Teil der Kultur und allgegenwärtig in den berühmten *infernot* (unterirdischen Räumlichkeiten zur Weinlagerung). In grobe Blöcke gehauen (nämlich den *cantòn* im Dialekt) erinnert er von Nahem an Tuffstein, aber er ist eigentlich ein Mergel und daher ein Sedimentgestein.

Das Schicksal dieses Steins, der die Landschaft des Monferrato so stark geprägt hat, wird vom Ökomuseum des Pietra da Cantoni anschaulich erzählt, wo ihn viele heimische Künstler für ihre Kunstwerke verwendet haben. Aber zurück zu den *infernot*: Dies sind kleine Räume, die in den Stein Pietra da Cantoni gehauen werden, die vollkommen ohne Licht und natürlicher Belüftung eine Art Wurmfortsatz des Weinkellers darstellen und üblicherweise unterhalb der Häuser, Innenhöfe oder sogar Straßen verlaufen. Es kann also im Monferrat geschehen, dass man ganz arglos über ihnen wandelt. Unheimlich, aber auch faszinierend, nicht wahr? Sie entspringen der bäuerlichen Tradition und den technischen Fertigkeiten jener, die aus der Not eine Tugend machen mussten, unbekannt gebliebene Skulpteure und Architekten des Alltags, denen wir dieses absolut einzigartige Phänomen verdanken.

Einige der *infernot* stehen für Besichtigungen offen, was Sie unbedingt tun sollten, um Hunderte (oder gar Tausend?) Jahre Zeitreise anzutreten.

Adresse Via Circonvallazione, 15034 Cella Monte (AL) | **Anfahrt** von der A21 Turin Piacenza–Brescia bei Felizzano Quattordio abfahren, weiter auf der SP77, dann den Schildern nach Cella Monte folgen | **Öffnungszeiten** Mo–Fr 9–12 Uhr, So 10–12 und 15–17 Uhr; Infos zu den Besichtigungen der *infernot*, die meisten davon privat, unter www.ecomuseopietracantoni.it | **Tipp** Begeben Sie sich nach Lu Monferrato (nur 20 Minuten im Auto) zum Museum der sakralen Kunst San Giacomo (www.museosangiacomo.it) im Inneren des gleichnamigen Klosters mit hunderten Exponaten aus Goldschmiedekunst, Holzskulpturen, alten Stoffen und Erinnerungen an das Alltagsleben, darunter auch Gemälde aus dem 17. und 18. Jahrhundert von Orsola Caccia und Pietro Francesco Guala, mit den »I canonici di Lu«.

59__Castello Gualino

Riccardo und Cesarina: Internationale Kunst und Kultur

Der aus Casale Monferrato stammende Riccardo Gualino war ein vielseitiger Finanzier und erfolgreicher Unternehmer in Italien und der ganzen Welt. Er begründete die SNIA Viscosa, war Vizepräsident der Fiat und Produzent einiger Filme von Visconti. Als Freund avantgardistischer Künstler, Musiker und Architekten war er auch ein bedeutender Auftraggeber und Mäzen.

Seine in den 1910er und 1920er Jahren angelegten Anwesen bezeugen seinen Status als Unternehmer und großer Kunstsammler und strotzen nur so von antiker bis zeitgenössischer Kunst. Von Gelehrten geschätzt sind seine Turiner Villa mit einem privaten, von Alberto Sartoris und Felice Casorati realisierten Theater, die nie fertiggestellte große Villa auf dem Hügel mit Theater und privatem Museum und vor allem das 1928 von Giuseppe Pagano und Gino Levi-Montalcini realisierte Bürogebäude, eine wahre Ikone der italienischen Architektur des Rationalismus.

Aber nach ihrer Hochzeit 1907 hielten Riccardo und Cesarina Gurgo Salice eher am traditionellen Geschmack fest. So ließen sie sich eine grandiose Burg bauen, die mit ihren fast 160 Zimmern den Ort Cereseto überragt. Planer war der casalesische Architekt Vittorio Tornielli, der die Burg 1912 mit einem Fest in Gewändern aus dem 15. Jahrhundert einweihen ließ. Giulino hatte es seiner Frischvermählten vorausgesagt: »Ich sage es dir gleich, ich will ein schönes Schloss! […] Diese mittelalterlichen Burgen mit ihren zinnenbewehrten Mauern und an Türmen reichen Wällen, vorstehenden Traufen und Spitz- oder Hängebögen […] mit den von Buntfenstern beleuchteten Sälen und hohen Kassettendecken …« Und so kam es.

Heute ist das Schloss nach einer langen Serie von Unternehmenspleiten und manchem Finanzskandal geschlossen, wird aber zu kulturellen Zwecken restauriert. Von außen besehen, nimmt es sich wirklich imposant aus und auf einem Spaziergang zu Füßen der Burg kann es vorkommen, dass ein älterer Bewohner Ihnen Leben, Tod und Wunder von Riccardo Gualino und seiner Signora erzählen möchte.

Adresse Ecke Via Fossa / Via Roma, 15020 Cereseto Monferrato (AL) | Anfahrt die Autobahn A 26 bei Casale Monferrato Sud verlassen, weiter auf SP 55, dann links auf SP 457 in Richtung Cereseto Monferrato | Öffnungszeiten derzeit nur außen zu besichtigen; Infos in der Gemeinde von Cereseto, www.comune.cereseto.al.it, Tel. 0142/940185, für weitere Infos zum Monferrato Casalese www.monferrato.org | Tipp Auf der Schutzmauer zu Füßen der Burg befindet sich ein Hochrelief zum Gedenken der Gefallenen im Ersten Weltkrieg (von Pietro Canonica), das Gualino eigentlich Zar Nikolaus II. schenken sollte, wenn nicht die Oktoberrevolution gewesen wäre … Die Sammlung von Riccardo und Cesarina Gualino können Sie in der Turiner Galleria Sabauda innerhalb der Musei Reali bewundern (www.museireali.beniculturali.it).

60 Die Kapelle im Weinberg

David Tremlett, Landschafts- und Freilichtkunst

David Tremlett scheint eine Schwäche für das Piemont zu haben, oder vielleicht sind die Piemontesen einfach im Einklang mit dem großen britischen Künstler. Tremlett kann sich nämlich rühmen, der erste Ehrenbürger der Dörfer La Morra und Coazzolo zu sein, was er zwei »Freilicht«-Kunstwerken zu verdanken hat, die die Augen der Einheimischen und der durchreisenden Touristen gleichermaßen erfreuen.

Für alle, die ihn nicht kennen sollten: David Tremlett ist ein gefeierter Künstler, dessen Curriculum Werke in der Londoner Tate Gallery, im Pariser Centre Pompidou, im Stedelijk von Amsterdam und *last, but not least*, im MoMA von New York umfasst. Im schönen Piemont hat er zusammen mit Sol LeWitt an der Kapelle gearbeitet, die die Familie Ceretto in den Hügeln von Barolo (siehe Ort 1) gestiftet hat. Mit seiner zweiten Arbeit hier im Monferrato, einem UNESCO-Weltnaturerbe, hinterlässt er ein weiteres Zeichen seiner Kunst. Auch in diesem Fall steckt ein aufgeklärter und weitsichtiger Auftraggeber dahinter: Silvano Stella, Eigentümer der Burg von Coazzolo, hat in seinem unermüdlichen Streben nach Verschönerung der Landschaft durch die Zusammenarbeit mit großen Künstlern vor einigen Jahren Tremlett hierher »verfrachtet«, der natürlich dem Reiz der Gegend erlegen und vom Projekt sofort begeistert war.

Das im 18. Jahrhundert erbaute, der seligen Jungfrau Maria del Carmine geweihte Kirchlein mitten auf dem Land wird noch für Gottesdienste genutzt und bietet eine unvergleichliche Aussicht auf die umliegenden Anhöhen. Tremlett hat die circa 300 Quadratmeter messende Außenfläche des Baus in drei Teile aufgeteilt und in drei dominanten Farben bemalt: Gelb für den Säulengang, Terra di Siena (ein Ockerton) für den Hauptkorpus und Olivgrün für die Sakristei und das Fundament. Vieles ließe sich noch sagen zum Werk von Tremlett und zum Pioniergeist von Stella, die mit ihren Initiativen diese Gegend um wunderbare Werke bereichern. So haben das Talent eines international angesehenen Künstlers und das Engagement eines modernen Mäzenaten Coazzolo zu einem Ort gemacht, den man unbedingt entdecken sollte.

Adresse Località Gallo, 14054 Coazzolo (AT) | Anfahrt E 70 bis Asti, dann den Zubringer zur A 33 bis zur Ausfahrt Costigliole–Govone nehmen, weiter auf der SP 54, dann auf der SP 39b bis Coazzolo | Tipp Wir empfehlen eine Nacht im Castello di Coazzolo, ein sehr faszinierender Ort und ideal gelegen, um diese wunderbare Hügellandschaft auszukosten (www.coazzolo.com).

61 Das Dorf, das zweimal lebte

Vergangenheit und Gegenwart in den Minen

Wenn Sie sich für die Geschichte der Zementindustrie von Monferrato Casalese im ausgehenden 19. Jahrhundert und insbesondere in der Zwischenkriegszeit (siehe Ort 75) interessieren, sollten Sie das Völkerkundemuseum »Coniolo: il paese che visse due volte« (»Coniolo: Das Dorf, das zweimal lebte«) aufsuchen. Denn Vergangenheit und Gegenwart dieses Ortes sind unauflöslich mit der Mergelförderung verknüpft, ein grundlegender Rohstoff für die Kalk- und Zementindustrie. Und weil sich hier ein dramatisches Ereignis zur Jahrhundertwende zutrug, dessen Ursachen und Folgen noch unglaublich aktuell sind.

Das im Rathaus eingerichtete Museum erzählt von der außergewöhnlichen Geschichte des Dorfes Coniolo Basso, das nach seinem Einsturz aufgegeben wurde. Im Boden unter dem Ort hatten die Bohrungen zum Abbau der reichhaltigsten Mergelflöze ein dichtes Tunnelnetz erzeugt, das oft weit über den erlaubten Rahmen hinausging, und zu Erdsenkungen und schließlich zum vollständigen Einsturz des Ortes führte, der heute nicht umsonst Coniolo Rotto (»kaputtes Coniolo«) heißt.

Die Einstürze begannen 1905 und bewirkten bis 1922 den Verlust von 84 Häusern, der Kirche und des Marchesen-Palastes, die unrettbar verloren waren. In der Zwischenzeit hatten sich die Bewohner aber bereits tatkräftig daran gemacht, die eingestürzten Behausungen abzubauen, Backsteine und Dachziegel, Türen, Fenster und Fußböden zu bergen und auf dem Hügel das heutige Coniolo neu zu gründen: auf den ersten Blick neue Häuser, die in sich jedoch wenigstens einen Teil der alten Gebäude bewahren.

Im Museum wird die damalige Arbeit in den Minen von Männern, Frauen und Kindern mit Hilfe von Modellen des ehemaligen Dorfes, den Arbeitsgeräten und Schienen- und Schwebebahn-Tunnelbeförderungssystemen sowie der Flussschiffahrt zum Abtransport anschaulich gemacht.

Adresse Museo etnografico »Coniolo: il paese che visse due volte«, Palazzo Comunale, Via Colombaro 1/b, 15030 Coniolo (AL) | **Anfahrt** von der Autobahn A 26 bei Casale Monferrato Sud abfahren, weiter auf der SP 55 in Richtung Ozzano Monferrato, dann rechts bis Coniolo | **Öffnungszeiten** Besichtigungen, auch abendliche, nach Reservierung unter Tel. 0142/408423 (Gemeindebüros) und Tel. 320/4916362 (Agostino Giusto). Das Museum ist Teil des Netzwerks MoMu (Monferrato Musei), es gibt eine Card für acht Museen und den industriearchäologischen Rundgang des Kulturvereins Il Memento. | **Tipp** Mittag- und Abendessen im Al Kilometro Zero (in Coniolo Basso, Via Frati 1, Tel. 331/5246662). Unweit davon die Imkerei Grigioni Marco (Cascina Ravasa 3, Tel. 0142/408/4123450) Weine, Liköre und Branntwein.

62__Die Rätsel von San Secondo

Eine Kirche als Glanzpunkt der Romanik um Asti

In der Provinz von Asti hat die Romanik in den Jahrhunderten eine solche Blüte gefeiert, dass sie eine Tour, die speziell der religiösen Architektur gewidmet ist, voll rechtfertigt. Die Abtei von Vezzolano ad Albugnano ist so bekannt, dass sie eines der Wahrzeichen des Piemonts geworden ist. Aber daneben gibt es unzählige kleine und große Kirchen, auch Pfarreien und Feldkapellen, die einen Besuch lohnen. Unter all diesen haben wir die Kirche von San Secondo in Cortazzone ausgewählt, die durch ihre sehr malerische Lage, die schlichte Architektur und die reichen, manchmal rätselhaften Verzierungen heraussticht. Sie entstammt vermutlich dem Ende des 11. Jahrhunderts und ist seit 1880 Nationales Denkmal. Es ist unmöglich, im Detail die Harmonie des kleinen Baus zu beschreiben (15,80 Meter lang, 7,15 Meter breit), der aus Blöcken des hiesigen Steins und Backsteinreihen erbaut ist. Sie verfügt über einen basilikalen Grundriss mit drei Schiffen, die in halbkreisförmige Apsiden auslaufen. Wir empfehlen, den Blick auf die Verzierungen zu richten, die in den Stein der Bögen, Bogenfriese, Lisene und Kapitelle gehauen wurden, häufig kurios anmuten und von Experten nicht immer eingeordnet werden konnten.

Das Zugangsportal an der Fassade mit seinem steinernen Doppelbogen besitzt einen waagerecht verlaufenden Rahmen mit Muscheln darin. Vor allem aber die Südseite mit ihren flachen Lisenen und Halbsäulen bewahrt die fruchtbarsten und zügellosesten Dekorationen: Einbögen, abgeschliffene Kragsteine und Friese aus Cotto, Palmen, verschlungene Pflanzen und Bänder, die wie Schlangen anmuten, halbrunde herausstehende Formen, die an archaische Fruchtbarkeitsriten denken lassen, eine Paarungsszene. Innen bewahren die Kapitelle das gesamte Repertoire der romanischen Skulptur, mit Anspielungen an die Laster und die Tugenden: Vögel, Fische, Pferde, Hasen und Gesichter: Männer und Frauen mit entblößtem Schoß, eine Sirene mit zwei Schwänzen …

Adresse Località Mongiglietto, 14010 Cortazzone (AT) | **Anfahrt** von Asti auf der SP 458 in Richtung Chivasso, dann auf die SP 2, kurz nach Cortazzone in Richtung Montafia weiterfahren, die Kirche ist auf Ihrer Rechten ausgeschildert | **Öffnungszeiten** Aug. – Dez. Mo – Sa 8.30 – 12 und 14 – 18 Uhr, Tel. 0141/995118 | **Tipp** In Cinaglio gibt es die Gipsoteca Emanuele Gonetto (Via Regina Margherita 2, Tel. 011/885084, www.gipsoteca.it, Öffnung nach Vereinbarung) die mit der gewerblichen Tätigkeit der Firma »Gipsoteca Mondazzi – Reproduktion von Gipsstatuen« verbunden ist und in der Via Principe Amedeo di Torino in verschiedenen Räumlichkeiten Gipse aus dem 19. Jahrhundert sowie Gipskopien zeigt, darunter einige der Hauptwerke der europäischen Bildhauerkunst, von der Venus von Milo über die Pietà von Michelangelo bis zu zeitgenössischen Künstlern.

63_Geosito della Crociera

Die Hügel des Meeres

Gehen wir von den Grundlagen aus: Was ist ein Geotop? Auf der Webseite des Paläontologischen Museums von Asti (das beim Schreiben dieses Bandes unsere kleine Bibel für die Erläuterung uns unbekannter Begriffe war) steht dazu: »Geotope sind Orte oder Gebiete von besonderem geologischen, geomorphologischen und landschaftlichen Interesse, die deswegen verdienen, geschützt zu werden« (W.A. Wimbledon, 1995). Gehen wir einen Schritt weiter: In einem Gebiet zeigen Geotope die Geodiversität dieses Gebiets und stellen daher die »Bandbreite der vorhandenen geologischen, geomorphologischen, hydrologischen und pedologischen Merkmale in einem gegebenen Gebiet dar«. Und wenn wir Ihnen jetzt sagen würden, dass man in diesen Hügeln Muscheln, Delphine und sogar Wale finden kann? Sie lesen richtig, denn im Pliozän war dieses Territorium vom Padanischen Golf umspült. Vor fünf Millionen Jahren erstreckten sich dessen Wasser vom Apennin bis zu den Alpen, sodass das Geotop ein kostbares historisches Archiv darstellt.

Um graue Theorie in handfeste und vergnügliche Praxis zu verwandeln, müssen Sie nur in Ihr Auto (oder Motorrad oder Fahrrad) steigen und nach Cortiglione d'Asti fahren (bei Redaktionsschluss zählte das Dorf 559 Seelen), denn hier gibt es eines der interessantesten Geotope zu bewundern, ein großes Beispiel für die Bewahrung des paläontologischen Bestands der Gegend, für dessen Fossilien die Körperschaft Ente Parco Paleontologico Astigiano Puzzlearbeit geleistet hat.

Das Geotop stellt dabei die Brücke zwischen dem Paläontologischen Museum der Umgebung von Asti und seinem Bezugsterritorium dar und ermöglicht, »live« und direkt in der Natur das zu sehen, was im Museum beschrieben ist.

Es gibt noch mehr Geotope in der Gegend, aber wir haben dieses ausgewählt, weil es uns besonders faszinierend anmutete. Vielleicht übt es ja auf Sie eine ähnliche Wirkung aus.

Adresse Museo Paleontologico di Asti, Corso Vittorio Alfieri 381, 14100 Asti (AT), www.museodeifossili.org, www.astipaleontologico.it, Tel. 0141/592091, entiparchi@parchiastigiani.it | Anfahrt Das Geotop liegt mitten auf dem Land, fragen Sie besser im Parco Paleontologico nach. | Tipp Begeben Sie sich nach Vinchio, um im Non Solo Crudo (Via Belveglio 29) auf typisch piemontesische Art einzukehren. Die Weine der Viticoltori Associati Vinchio Vaglio Serra, insbesondere der Barbera d'Asti, gehören zu den besten der Region (und sind auch im Preis überzeugend). Der Verkauf erfolgt in Vinchio in der Via Vaglio Serra 27 (www.vinchio.com).

64_Villa Pattono

Von herrschaftlicher Residenz zum Hotel

Antonio Mattia Pattono (Ururgroßvater des derzeitigen Eigentümers Pietro Ratti) erwarb die Villa Pattono im ausgehenden 19. Jahrhundert. 1882 hatte er die Eingebung, aus England die ersten gasbetriebenen Wasserboiler zu importieren und gründete in Genua die gleichnamige Firma A.M. Pattono & C., die in wenigen Jahren zum Marktführer in der Branche wurde. Zur Jahrhundertwende beschlossen Signor Pattono und seine Ehefrau Beatrice Armanino, eines der schönsten Anwesen seines Geburtsortes Costigliole zu kaufen. Nach umfangreichen, fachgerecht vorgenommenen Restaurierungs- und Erweiterungsarbeiten wandelte er das Haus in die Sommerresidenz der Familie Pattono um und benannte die Villa nach seiner einzigen und heißgeliebten Tochter Cristina Vittoria, genannt Rina. Daher auch der erste Name der Immobilie: »Villa Rina«.

Zu den damals realisierten Arbeiten zählen der große neumittelalterliche Turm nach der Mode der Zeit, dem *Gothic Revival* und der Begeisterung europäischer Aristokraten, Residenzen und Paläste mit Elementen aus dem »dunklen Zeitalter« zu verschönern. In ihren schieren, für das südliche Piemont einzigartigen Abmessungen sollte die Villa den Erfolg des Unternehmens und der Familie zur Schau stellen. In den Jahren des Ersten Weltkriegs wurde das Anwesen stark umgestaltet, mit neuen Einrichtungsgegenständen und, dank der beruflichen Tätigkeit der Familie, mit Bädern und neuartigen Hydrauliksystemen ausgestattet. So wurden etwa Pumpen zur Entnahme von Wasser aus Brunnen sowie große Behälter zu seiner Aufbewahrung (auf dem Dachboden) installiert, aus denen das Wasser durch Schwerkraft in die Badezimmer gelangte. Den Besitzern gehörten auch einige Weinberge um die Villa, vor allem Barbera und Freisa. Erst 1982 änderte das Haus seinen Namen und wurde zur Villa Pattono, nach der auch der Wein aus den umliegenden Weingärten benannt wurde. Ein für die damalige Zeit innovativer Tropfen, nämlich ein Blend aus Barbera und anderen Reben, der in französischen Barrique-Fässern verfeinert wird. Seit 2006 ist die Villa ein Hotel.

Adresse Relais Villa Pattono, Strada Comunale Serra 1, 14055 Frazione Annunziata, Costigliole d'Asti (AT), www.villapattono.com, Tel. 0141/962021 | **Anfahrt** die E 70 einschlagen, dann auf der A 33 weiterfahren und bei Isola d'Asti auf die SP 456 wechseln | **Tipp** Begeben Sie sich auf einen Sprung zur großen, quadratischen und trutzigen Burg von Costigliole. Innen ist eine von Filippo Juvarra entworfene Treppe zu sehen, dem großen königlichen Architekten aus dem Turin des frühen 18. Jahrhunderts. Unweit außerdem das kleine Museo dell'Alpino e del Combattente Piemontese (Strada Ville 11) im Rathaus.

65__Das Keramikdorf

Ein Ort als Freilichtmuseum

Denice ist ein kleines mittelalterliches Dorf in der Provinz von Alessandria mit circa 200 Einwohnern. Hier hat man eher als im bukolischen Hügelland des Monferrato den Eindruck, in den Bergen zu sein. Die Gebäude aus Stein und die Anlage des Ortes lassen den Reisenden unmittelbar an abgelegene faszinierende Gebirgsdörfer denken, doch was man an einer solchen Stätte sicher nicht erwartet, ist ein Freilichtmuseum. Aber der Reihe nach: Nicola Papa, stolzer Bürgermeister der kleinen Gemeinde, beschließt 2010, eine Kunstsammlung *en plein air* einzurichten.

Was zeichnet dieses Museum aus? Die Tatsache, dass die (gut 63) Werke ausschließlich aus Keramik sind, von zeitgenössischen italienischen und ausländischen Künstlern geschaffen wurden und sich auf den Fassaden der Häuser und der Stadtmauer befinden, die das Dorf und den Wachturm umschließt. Die demokratische Idee hinter dem Projekt ist es, die Besucher im Gegensatz zu herkömmlichen Museen keine Tickets erwerben zu lassen, dazu gibt es keine Öffnungszeiten und kein Personal, was die Erhaltungskosten niedrig hält.

Das Freilichtmuseum von Denice ist auf seine liebenswerte Art einzigartig und Grund zum Stolz für die Gemeinde sowie Anreiz zur Tourismusentwicklung in einem Ort, der in der Vergangenheit zwei Drittel seiner Einwohner verloren hat, aber jüngst auch aufgrund seines frischen Klimas in der warmen Jahreszeit als Ort der Sommerfrische wiederentdeckt und geschätzt wird.

Das Museum ist aber nicht die einzige Sehenswürdigkeit, denn Denice ist mittelalterlichen Ursprungs, sodass es sich einiger sehr malerischer Blickpunkte rühmen kann, wie der bereits zitierte Turm, eine gotische Kassette aus Sandstein (genannt Armigero), der einen Soldaten mit seiner schönen Kettenrüstung zeigt sowie eine Grabstele aus augusteischer Zeit mit zwei männlichen und einer weiblichen Figur auf der Fassade eines Gebäudes. Und schließlich als Höhepunkt das Aushängeschild der Caligari, auf der Schneiderschere und Schusterhammer zu sehen sind.

Adresse mehrere Orte in Denice | Anfahrt die E 70 einschlagen und weiter auf der A 33 bis zur Ausfahrt Canelli fahren, dort Ihr Navigationsgerät einschalten | Öffnungszeiten immer geöffnet, www.denicemuseoacieloaperto.it | Tipp Am Ende Ihres Spaziergangs durch den Ort können Sie im Albergo Ristorante Belvedere (wird seinem Namen gerecht) heimische Küche mit ausgezeichnetem Preis-Leistungs-Verhältnis speisen (Via del Levante 4, 15010 Denice, Tel. 0144/92018).

66 Blick auf den Po

Die vielen Gesichter eines Flusses

Von Kindheit an wird uns in den Grundschulen gelehrt, dass Wasser Grundlage und Ursprung jeder Zivilisation ist, dass es ohne Wasser kein Leben gibt und damit keine Kulturentwicklung möglich ist. Wir wachsen mit diesem Bewusstsein auf, auch wenn wir es später gerne vergessen oder für selbstverständlich halten.

Im Piemont entspringt und fließt Italiens größter Fluss, der Po, und jeder, der an seinen Ufern lebt, sieht ihn anders: Für die Gebirgsbewohner ist er ein Sturzbach, für die Bewohner Turins der König der Stadt und so weiter für das restliche Piemont, die Lombardei und die Emilia-Romagna bis nach Venetien. Für jeden von ihnen ist der Po ein anderer Lebensgefährte, für alle aber Lebensbedingung.

Im Palazzo Mossi von Frassineto Po hat das Centro di Interpretazione del Paesaggio del Po (Zentrum der Interpretation der Po-Landschaft) seinen Sitz, kein Museum, sondern ein Ausgangspunkt, um die uns umgebende Landschaft, in der wir leben (oder die wir besichtigen) besser zu verstehen, ein Ort, an dem wir den Fluss und seine Wasser direkter und bewusster erleben. Auf dieser Reise durch die Geschichte des Po lernen wir die Evolutionen des Flusses selbst und folglich der Bevölkerung kennen, die an seinen Ufern lebten.

Das Zentrum gibt es nun schon seit einigen Jahren, aber es ist immer noch der perfekte Ort für Kinder, denen man (als moralische Verpflichtung) die Bedeutung unserer Lebensräume und der uns umgebenden Natur erklärt, wer wir sind und woher wir kommen und was wir dank dieses Flusses geworden sind. Die unterschiedlichen Po-Landschaften werden mit Grafiken, Comics und Fotos anschaulich gemacht, damit ihre Sprache auch für die Kleinsten verständlich ist.

Neben den vielen Informationen, die wir erhalten, ist es ein besonderes Verdienst des Zentrums, die Liebe zum Fluss und seine Umgebung zu übermitteln und das Naturschutzgebiet des Flussparks zu genießen.

Adresse Via Marconi 5, 15040 Frassineto Po (AL) | **Anfahrt** die A 21 Turin–Piacenza–Brescia bei Asti Ovest verlassen, weiter in Richtung Centro fahren und an den ausgeschilderten Parkplätzen parken | **Öffnungszeiten** zweiter und dritter Sonntag im Monat (außer im Aug.) 10–13 und 14.30–18.30 Uhr, Info unter Tel. 0384/84676; Informationen zum Flusspark um Vercelli und Alessandria und zu allen anderen Besucherzentren: www.parcodelpoalessandriavercelli.it | **Tipp** Hier empfiehlt sich natürlich einzig und allein ein langer Spaziergang im Flusspark, wunderschön am frühen Morgen, unvergesslich bei Sonnenuntergang.

67_Das Denkmal für alle

5.633,9 Kilogramm öffentliche Kunst

»Wann hast du dich wirklich lebendig gefühlt?« Das war die abschließende Frage eines langen Schreibens, das die Bewohner von Frassineto Po, einem kleinen Ort in der Ebene des Monferrato Casalese, eines Tages in ihren Briefkästen fanden. Geschrieben hat es die Künstlerin Paola Monasterolo. Die Briefe sind Teil eines Projekts, das von einer »öffentlichen Versammlung« im Rahmen der zweiten Ausgabe von *»Par coii bsogna semnà« (Wer sät erntet)* geteilt und ausgewählt wird.

Über drei Monate lange haben Kinder, Erwachsene und Senioren auf diese Frage auf ganz unterschiedliche Art geantwortet: »Ich haben den ersten, dann den zweiten und den dritten Gang eingelegt und bin am Steuer des Alfetta Rossa in den Hof eingefahren. Was für ein Dröhnen des Motors. Ich war achteinhalb. An diesem Abend fühlte ich mich sehr lebendig.« Manche antworteten mit einem lapidaren: »Wenn ich Kartoffeln schäle.« Ziel der Künstlerin war es, ein großes Werk der Umweltkunst auch durch die Teilhabe jener zu realisieren, die mit dem Kunstwerk später zusammenleben würden. Es gab Diskussionen, Änderungen und Anpassungen, bis schließlich das Werk im Zentrum des Hauptplatzes mit dem Titel »Kg 5.633,9« im Jahr 2013 eingeweiht werden konnte. Heute ist es ein »gelebtes« Monument der Bewohner, die darauf sitzen und es durchlaufen können. Es ist aus lokalen Materialien gefertigt: Weißer Zement, Kies und Flusskiesel, Erde und farbige Oxiden, Mauerstein und Bienenwachs bilden zusammen 100 Blöcke, von denen jeder einen Moment im Leben der Bewohner des Ortes erzählt. Auf jedem dieser Blöcke ist eine Zahl geschrieben, die für das Gewicht in Kilogramm der mit ihrer Geschichte teilnehmenden Person steht. In diesen Ziffern und Blöcken steckt etwas Rituelles, sie sind der Schrein der Gefühle der Einwohner und gleichzeitig Verheißung für Kontinuität. So nimmt das Projekt denn auch eine im Mittelalter verbreitete Votivpraxis auf: Um ein Neugeborenes wieder ins Leben zurückzuholen, war es üblich, eine Opfergabe an den Heiligen in Form eines Wachsblocks im Gewicht des gestorbenen Kindes zu stiften.

Adresse im Zentrum der Piazza Vittorio Veneto, 15040 Frassineto Po (AL) | Anfahrt von Casal Monferrato die SP 54 in Richtung Zentrum nehmen | Öffnungszeiten immer geöffnet, zur Vertiefung: www.paolamonasterolo.com | Tipp Frassineto und Frassinello sind natürlich nicht dasselbe. Aber sie liegen nicht weit auseinander, sodass Sie nach dem Monument in Frassineto Po weniger als 25 Kilometer fahren müssen, um im Castello di Lignano in Frassinello Monferrato entspannt nächtigen zu können, in der Antike eine ländliche Adelsvilla, die zur Zeiten der langobardischen Invasion zur Trutzburg umgebaut wurde. Heute besitzt sie noch einen halbzylindrischen Turm mit Mauern aus durchmischten Backstein- und Tuffschichten. Auch das Wappen der Dynastie von Nemours prangt noch darauf (www.castellodifrassinello.it, Tel. 0142/928193).

68 Claudia Formica

Eine Künstlerin im Faschismus

An Claudia Formica können wir gut studieren, wie es sich als Frau in der faschistischen Zeit in Italien lebte. Sie war Bildhauerin, ein Beruf, der kaum zum männlich betonten Weltbild der Mussolini-Ära passte, in der es kaum weibliche Künstlerinnen und noch weniger Bildhauerinnen gab (Herta von Wedekind-Ottolenghi im nahen Acqui Terme war eine von ihnen, aber sie entstammte einer deutschen Familie, siehe Ort 41).

Mit Gips, Plastilin und Terrakotta zu arbeiten, galt als »männliches Metier«, und die Arbeit mit Marmor, Bronze und Stein ohnehin. Und dennoch hat unsere Claudia, eine dazu noch junge und schöne Frau, das Denkmal für die Gefallenen des Ersten Weltkriegs in Incisa Scapaccino 1927 erbaut.

Sie wurde 1903 in Nizza Monferrato geboren und starb 1987 in Turin. Ihr Studium absolvierte sie an der Turiner Accademia Albertina bei Edoardo Rubino und Emilio Musso, später in Florenz. Zunächst widmete sie sich der Keramik, dann großformatigen Skulpturen, und das in einer Zeit, in der Frauen über keine finanzielle Unabhängigkeit verfügten. »Nur wenige Frauen arbeiten mit Stab, Leim und Meißel«, schrieb der Kunstkritiker Emilio Zanzi 1930 über sie.

Sie selbst erinnerte sich, dass am Eröffnungstag des Denkmals in Incisa Scapaccino zwei Carabinieri ihr den Zutritt verwehrten, worauf sie rief: »Aber ich bin doch die Künstlerin!« Von 1929 bis 1942 nahm sie an allen 14 regionalen Ausstellungen der Gewerkschaft der Schönen Künste teil, erlangte Bekanntheit und wurde 1938 und 1950 auf die Biennale von Venedig eingeladen. Heute bestehen noch ihre gesamte Gipsoteca (mit circa 100 Entwürfen verschiedener Größen) und das Archiv mit Dokumenten und Bildern aus ihren Ateliers in Turin und Nizza Monferrato. Neben dem Gefallenendenkmal in Incisa Scapaccino können noch weitere ihrer Werke bewundert werden, etwa die Basreliefs des Rathauses von Nizza.

Adresse Monumento ai Caduti, Piazza Ferraro, 14045 Incisa Scapaccino (AT) | Anfahrt die Autobahn A 21 bis zur Ausfahrt Asti Est fahren, dann den Schildern nach Incisa Scapaccino folgen | Tipp Auf der umfangreichen Facebook-Seite mit dem bedeutsamen Titel »Wanted Claudia Formica« wird das gemeinsame Forschungsprojekt zu ihrer Person erzählt. Für diese und andere Geschichten der Gegend aus dem 20. Jahrhundert ist die Casa della Memoria della Resistenza e della Deportazione di Vinchio anschaulich: www.casamemoriavinchio.it. Begeistern Sie sich für die Geschichte der Carabinieri, besuchen Sie das Sanktuarium »Virgo Fidelis«, der Schutzheiligen der Truppe, zu Ehren des ersten »Helden« der Benemerita: Giovanni Battista Scapaccino (dem das Dorf seinen Namen verdankt), getötet 1834 von Mazzini nahestehenden Republikanern mit 32 Jahren.

69__Moleto, ein abgeschiedenes Juwel

Ein Geheimtipp nur für Leser dieses Buches

Wer kennt sie nicht, die angeberhaften Urlaubsanekdoten von Leuten, die an den ungewöhnlichsten und unzugänglichsten Orten gewesen sind, mehr als Urlaub eine horizonterweiternde Erfahrung gemacht haben, in deren Genuss Sie garantiert nicht kommen, weil Sie zu *main stream,* nicht abenteuerlustig genug sind. Sie nehmen es hin und möchten der Person eigentlich sagen: »Das interessiert mich nicht. Du langweilst mich. Nach deinen Beschreibungen habe ich keine Lust mehr, diesen einzigartigen Ort zu sehen.« Nun ja, so ungefähr würden Sie es ausdrücken. Würden.

Einer der Autoren dieses phantasmagorischen Buches hat vor einigen Jahren eine E-Mail von Bekannten, großen Reisenden, erhalten, die im Rahmen der Durchquerung des afrikanischen Kontinents an Bord eines Jeeps (hier beginnt man als Leser schon mit den Augen zu rollen) beschrieben, wie Sie Bier am Strand von Benin beim Sonnenuntergang tranken, Reifen in Zaire wechselten, an der eritreischen Küste badeteten und am Ende der Tour im Sudan ankamen, das in ihren Augen aber zu touristisch war (und hier rollt man mit den Augen wie im Film »Der Exorzist«). Noch heute sind diese E-Mails Gegenstand von Diskussionen, die immer mit den Worten enden: »Wie nervig …« Aber das Schöne im Leben ist auch, dass alle von uns irgendwann die Möglichkeit haben, es den Leuten heimzuzahlen.

Wir wenden uns daher an all jene, die uns mit ihren leidigen Urlaubsgeschichten à la Paul Bowles der »echten Reisenden« (denn »Tourist« wäre zu herabsetzend) auf die Nerven gegangen sind, schauen ihnen fest in die Augen und fragen sie: »Wart ihr schon mal in Moleto? Nein? Schade, aber ist ja eure Sache.« Und wir verraten Ihnen nun, dass Sie sich inmitten der Gärten, Palmen und der Mauern aus lokalem Cantone-Stein im Dörfchen Moleto glücklich fühlen werden. Sie können uns vertrauen.

Adresse 15038 Moleto, Frazione di Ottiglio (AL) | **Anfahrt** E 70 bis Felizzano / Quattordio fahren, dann auf SP 77, SP 50 und SP 46 bis zum Zentrum des Ortes | **Öffnungszeiten** Comune di Ottiglio unter Tel. 0142/921129 | **Tipp** ArtMoleto ist ein von Michelle Hold gegründetes internationales Kunstprojekt in Zusammenarbeit mit dem Ökomuseum Pietra da Cantoni. Die Ausstellung untersucht das Verhältnis zwischen Mensch und Natur und lädt jedes Jahr Künstler aus aller Herren Länder ein (www.artmoleto.com).

70__Die Antependien aus Scagliola

Fake-Marmor, große Kunst in Sant'Antonio Abate

Was sind wohl Antependien, werden manche fragen? Und was ist Scagliola? Nun. In einer Kirche ist das Antependium die Verkleidung, die sich seit dem Mittelalter als Verzierung auf der Vorderseite der Altäre befindet. Manchmal ist sie abnehmbar, um je nach Festlichkeiten des liturgischen Kalenders ausgetauscht werden zu können. Daher besteht sie meist aus leichten Materialien wie Leder, Holz, Metall (vorzugsweise ziseliertes), gewebten Stoffen oder Gemälden. Das Antependium kann auch festinstalliert sein; in diesem Fall ist es aus Marmor oder – und hier sind wir bei der zweiten Frage – aus Scagliola, Stuckmarmor, einer Mischung aus Gips, Leim, Farbpigmenten und Marmorpulver. Bei der Ausschmückung der Antependien greift man gerne auf Scagliola zurück, das in der Lage ist, polychromen Marmor, vorgetäuschte Intarsien aus hartem Stein, nachzubilden und ein virtuoses Trompe-l'Œil zu erschaffen, um Kandelaber und Blümchenspitzen auf schwarzem Hintergrund, Akanthus-Girlanden, Pflanzengewirr, Bänder, perspektivische Durchbrüche, Heiligenfiguren, Insekten und Vögel zu realisieren.

Dieser Stuckmarmor war im Piemont des 16. und 17. Jahrhunderts sehr verbreitet und häufig Arbeit von Familien, die saisonweise von Ort zu Ort zogen, um ihre Tätigkeit zu bewerben. Die ersten mit einem spezialisierten Handwerksbetrieb waren die Solari, die Anfang des 17. Jahrhunderts mit Konstanz und Kreativität ihr Repertoire dieser Meisterwerke der Dekorationskunst verfeinerten.

In Casale Monferrato sind die Antependien der Kirche von San Domenico besonders berühmt. In Moncalvo, der »kleinsten Stadt Italiens«, ist die Kirche Sant'Antonio Abate bekannt durch ihre Gemälde aus dem 16. Jahrhundert, die von zwei Lokalgrößen gemalt wurden, nämlich von Guglielmo Caccia und seiner Tochter Orsola Maddalena. Aber unterhalb der Bildwerke können Sie zwei Antependien aus Scagliola sehen, die Francesco Solarivon 1750 vollendete.

Adresse Via XX Settembre 32, 14036 Moncalvo (AT) | **Anfahrt** die Autobahn A 21 Turin–Piacenza–Brescia bei Asti Est verlassen, weiter in Richtung Moncalvo | **Öffnungszeiten** täglich 7–19 Uhr | **Tipp** Die nahe Kirche von San Francesco bewahrt bedeutende Gemälde von Guglielmo und Orsola Caccia. In gastronomischer Hinsicht denken Sie daran, dass Moncalvo genau wie Alba seine Trüffelmesse unterhält (www.fieradeltartufodimoncalvo.it). Speisen Sie in alter Pracht im Ristorante Centrale (Piazza Romita 10, Tel. 0141/917126; Sonntagabend und Mo geschlossen) mit den großen Klassikern der piemontesischen Küche, angefangen mit dem Symbol des Landes, dem fetten Ochsen (auch dafür gibt es eine historische Messe).

71__Der bucklige Kohl

Nicht schön, aber echt lecker

Es ist nicht einfach, einem Ausländer oder Nicht-Piemontesen, den Cardo Gobbo zu erklären. Wörtlich übersetzt ist er der »Bucklige Kohl« und man fragte mich mal: »Aber weshalb gerade bucklig und nicht krumm?« »Tja, weiß ich auch nicht …«, antwortete ich als Piemontese erstaunt. »Das ist doch abwertend«, gab man mir zu bedenken. Ich hatte bis dahin keine Gedanken über einen der wichtigsten Rohstoffe der piemontesischen Küche angestellt und war verblüfft. Liefert der Cardo Gobbo aus Nizza Monferrato, Scapaccino und Castelnuovo Belbo als Botschafter unseres Territoriums und mittlerweile Slow-Food-Schützling nicht schon genügend Argumente für sich, als dass man sich über ihn lustig machen sollte?

Die fragliche Kohlsorte verdankt ihre Buckligkeit einer Anbautechnik, bei der der Kohl zusammengebunden und als ausgewachsene Pflanze erst im September mit Erde zugedeckt wird, ohne irgendeine Bewässerung, Düngung oder Behandlung zu erfahren. In dieser Phase versucht sich die Pflanze, aus der Erde zu befreien, bläht sich dabei auf, krümmt sich und nimmt ihre spätere Form an. Weil er unter der Erde verbleibt, ist der Kohl weiß und zart, sodass er roh gegessen wird und vor allem im unwiderstehlichen »*bagna caoda*« (rohes Gemüse mit warmer Sauce zum Dippen), dem kulinarischen Symbol der piemontesischen Tradition, zum Einsatz kommt.

Der Cardo Gobbo ist ein derart bedeutendes Phänomen in dieser Region, dass jeden Herbst die gleichnamige Sagra von Incisa Scapaccino zu seinen Ehren ausgerichtet wird, auf der man diesen etwas buckligen Prinzen der piemontesischen Küche zusammen mit dem hervorragenden Barbera der Gegend, dem Nizza DOCG, genießt.

Der Anbau des Kohls war bereits im 16. Jahrhundert exklusiv für den Savoyer-Hof bekannt, aber erst im 18. Jahrhundert wurde er in das traditionelle Gericht »*bagna caoda*« aufgenommen, wie man aus dem grundlegenden Rezeptbuch »Il cuoco piemontese« (1766) erfährt. Der bucklige Kohl ist dagegen jünger und verbreitete sich erst zu Beginn des 19. Jahrhunderts.

Anfahrt von der A 21 Turin-Piacenza-Brescia bei Asti Est abfahren, weiter auf der A 33 in südlicher Richtung und bei Nizza Monferrato abfahren | **Tipp** Ein Blickfang ist das beeindruckende Foro Boario in Nizza Monferrato aus dem 19. Jahrhundert (auf der Hochseite der weitläufigen Piazza Garibaldi, auch »der Gipfel von Nizza« genannt), mit dem Namen von Pio Corsi, dem Bürgermeister, der das Städtchen zu Beginn des 19. Jahrhunderts auf den Weg der Moderne brachte. Heute ist das Forum Veranstaltungsort, Gastronomiezentrum und beliebter Treffpunkt.

72__Pinin Pero

Wo auch Zuckertütchen Kunst werden

Zuckertütchen sind Objekte, die wir gerne als selbstverständlich hinnehmen, was sie in einigen, zugegeben wenigen, Fällen nicht sind. Normalerweise wird es an der Bar in die Hand genommen, einmal kräftig durchgeschüttelt, aufgerissen und dann in den Kaffee oder Cappuccino geschüttet. Das Zuckertütchen stellt den reinsten Ausdruck von schnörkelloser Zweckmäßigkeit dar. Es muss das enthalten, was uns den Kaffee trinken lässt ohne angeekelte Grimassen zu schneiden. Es muss mühelos aufgerissen werden können und am besten aus Papier, ungern aus Plastik sein. Das einzig Traurige an ihm ist nur, dass kaum jemand seine Augen auf ihm ruhen und ihm ein wenig Interesse zukommen lässt. Aber wie für jede Regel haben wir auch hier eine Ausnahme parat, und sie nennt sich Figli di Pinin Pero. Der Name hat etwas Heimeliges für uns als Italiener an sich, etwas was an die Nachkriegszeit mit Italiens Wirtschaftswunder erinnert: Pinin Pero.

Die Geschichte der Firma ähnelt der vieler italienischer Industriebetriebe: Entstanden ist sie im frühen 20. Jahrhundert als Lebensmittelhandel, dann sorgte eben der Pipin (piemontesische Verkleinerungsform für Giuseppe, siehe auch Pinin Farina, der zum berühmten Autodesigner Pininfarina wurde) für das Wachstum der Firma, stirbt aber leider viel zu früh im Jahr 1955. Aber dem Erfolg tut dies keinen Abbruch, und in den 1970er Jahren beginnt sich das Unternehmen, auf Zucker in allen seinen Formen zu spezialisieren.

Heute ist Figli di Pinin Pero eines der größten Zuckerunternehmen Italiens. Die Erben Peros haben das sug@R(T)_house gegründet, ein veritables Museum des Zuckertütchens und der Zuckerverpackung im Allgemeinen. Es scheint verrückt, ist es aber nicht, weil die Objekte beweisen, dass auch ein schlichtes Tütchen zum Kulturträger werden kann. Dazu muss noch gesagt werden, dass die Erben seit einiger Zeit, neben ihren anderen Aktivitäten, mit Künstlern wie Valerio Berruti, Theo Gallino, Mario Fallini, Mino Rosso, Sergio Agosti und Carla Bedini zusammenarbeiten, die die Tütchen bemalen und zum Kult werden lassen. Fetischisten aller Länder, vereinigt euch …

Adresse Museo sug@R(T)_house, Corso Acqui 252, Nizza Monferrato (AT), www.sugarhouse.it | Anfahrt die A 21 Turin – Piacenza – Brescia bei Asti Est verlassen und weiter in Richtung Nizza Monferrato | Öffnungszeiten Freitagvormittag gegen Reservierung unter Tel. 0141/720011 oder info@pininpero.it | Tipp Im Palazzo Crova, Sitz der Gemeinde von Nizza Monferrato in der Via Crova 2 (Tel. 0141/720511), ist die Art '900 ausgestellt, die Kunstsammlung des Schriftstellers und Partisanen Davide Lajolo, geöffnet von Dienstag bis Sonntag von 10 bis 19 Uhr, Eintritt kostenlos (Associazione Davide Lajolo onlus: www.davidelajolo.it). Unter den ausgestellten Künstlern sind Renato Guttuso, Francesco Messina, Sergio Unia (mit dem Bronzekopf von Lajolo selbst), Carlo Carrà und Pietro Morando.

73_Fondazione La Raia

Die fruchtbare Begegnung von Kunst und Landschaft

Mit drei in enger Verbindung zu den umliegend stehenden Dauerinstallationen von Remo Salvadori hat die Stiftung La Raia 2013 begonnen, mit Hilfe von künstlerischen, kulturellen, didaktischen und wissenschaftlichen Aktivitäten kritische Reflexionen zur Landschaft anzuregen.

Auslöser war die 2002 erfolgte Übernahme des Betriebs La Raia und seine Umwandlung in biodynamische Landwirtschaft durch die Familie Rossi Cairo im Herzen der Hügel von Gavi, einem Weinanbaugebiet mit langer Geschichte: 180 Hektar waren zu bewirtschaften, darunter 42 mit Weingärten und 60 an Ackerland, der Rest entfiel auf Weideland, Kastanien-, Akazien- und Holunderwälder. Mit den Jahren wurde eine Kellerei aus natürlichen Materialien angelegt und das Rotationsprinzip für die Bodenbewirtschaftung, die Aufzucht von Weidevieh und die Kultivierung alter Anbausorten wie Einkorn wieder eingeführt. Heute produziert La Raia Gavi- und Barbera-Wein und beherbergt in ihrem Inneren eine Oase der Biodiversität für bestäubende Insekten, einen Kindergarten mit anthroposophischem Ansatz, der von Bewohnern der nahen Städte Novi Ligure und Gavia besucht wird, sowie ein Agriturismo.

Am 21. Juni 2013 (Sommersonnenwende) wurde auf Betreiben von Giorgio Rossi Cairo, einem Unternehmensberater und seiner Frau, der Galeristin Irene Crocco, die Stiftung La Raia ins Leben gerufen, die seit 2016 von Ilaria Bonacossa geleitet wird.

Im Laufe der Jahre wurden viele Initiativen und Gelegenheiten zu einem neuen Verständnis des Territoriums und der neuen Identitäten der Orte auf den Weg gebracht, nicht zuletzt auch durch Werke internationaler Künstler wie der Südkoreanerin Koo Jeong A. Im Jahr 2017 kam das Werk von Michael Beutler dazu (sechs Heuballen aus koloriertem Plastik) und 2018 der *Palazzo delle Api* von Adrien Missika.

An diesem Ort kann man sich in die Landschaft und Kunst regelrecht versenken: Das ehrgeizige Ziel der Stiftung ist schon erreicht, wenn Sie diese wunderschönen Flächen besuchen.

Adresse Fondazione La Raia – arte cultura territorio, Strada Monterotondo 79, 15067 Novi Ligure (AL) | **Anfahrt** die Autobahn A 26 / A 7 bei Ausfahrt Novi Ligure verlassen, weiter auf der SP 154, nach Novi auf der SP 158 Richtung Gavi fahren und kurz danach links Richtung La Raia einbiegen | **Öffnungszeiten** Die Dauerinstallationen auf dem Grundstück der Stiftung sind öffentlich nach Reservierung zu besichtigen unter Tel. 0143/743685 oder www.fondazionelaraia.it. | **Tipp** Hier sollten Sie Zeit mitnehmen, um richtig auszuspannen. Das Gut La Raia bietet neben Verkostungen von Weinen und anderen Spezialitäten auch Übernachtungsmöglichkeiten in der Locanda La Raia (Tel. 0143/642860, www.locandalaraia.it), einem 2017 eröffneten »Spa in den Weinbergen«. Sechs Kilometer weiter gibt es auch den Golf Club Colline del Gavi (Località Fara Nova 7, Tassarolo, Tel. 0143/342264, www.golfcollinedelgavi.com).

74 Der Park der Villa Gabrieli

Aus Argentinien mit Furore

Das Gebiet um Ovada und allgemein der Provinz von Alessandria war lange Zeit (in einigen Fällen seit Jahrhunderten) bevorzugtes Sommerfrischeziel der Genuesen und ist sehr oft auch deren Heim geworden. Auch die beiden Autoren dieses Büchleins können sich in ihrer Abstammung einiger Ahnen unter Großmüttern und Verwandten rühmen, die aus dem ligurischen Hauptort stammen, der für seine Schönheit, seinen Hafen und seinen Hang zur Knausrigkeit bekannt ist.

Einer der vielen Orte, die damals vom genuesischen Großbürgertum erwählt wurden, war Ovada, von dessen ruhmreicher Vergangenheit noch die historischen Palazzi in den typisch ligurischen Farben und die Villen aus dem Fin de Siècle zeugen. Ein herausragendes Beispiel ist die Villa Gabrieli, die zusammen mit ihrem weitläufigen Park zwischen 1910 und 1913 auf einem damals circa 20.000 Quadratmeter großen Grundstück errichtet wurde. Den Boden hatte sich der Senator Attilio Odero gesichert, ein Politiker und genuesischer Stahlmagnat, um eine Villa für seine Lebensgefährtin Dolores Gabrieli-Roses zu bauen. Die junge Frau war italo-argentinischer Abstammung und zuvor Ehefrau eines argentinischen Anwalts gewesen, mit dem sie vor der Scheidung ein Kind hatte. Man kannte Dolores, die hier viele Jahre mit Sohn und Mutter lebte, im Ort als Scià Lola (Signora Lola), bis sie schließlich nach Mailand umzog, wo sie sich mit einem Industriellen der Telefonbranche niederließ. Die Scià Lola starb 1935 in Rom.

Die herrliche Villa (nun im Besitz der Gesundheitsbehörde Asl) nach Plänen von Michele Oddini besitzt einen ebenso schönen Park (leider mittlerweile eingebaut), in dem das Projekt *healing garden* vorangetrieben wird: Eine Grünanlage, in der nicht nur die Gesundheit der Patienten verbessert werden soll (auf internationaler Ebene wurde der Garten bereits erfolgreich auf die Heilung chronisch-degenerativer Krankheiten getestet), sondern auch die der Familienangehörigen, des Personals und der Bürger im Allgemeinen.

Adresse Via Giosuè Carducci 21, 15076 Ovada (AL) | **Anfahrt** die A 21 bis Alessandria fahren, dann die A 26 bis zur Ausfahrt Ovada und auf der Via Carducci weiterfahren | **Öffnungszeiten** täglich 7.30 – 19 Uhr, www.parcovillagabrieliovada.it | **Tipp** Auf den Hügeln um Ovada erhebt sich das Schloss von Tagliolo Monferrato (Via Castello 1, Tel. 0143/89195, www.castelloditagliolo.it), das seit 1498 im Besitz der Marchesen Pinelli Gentile ist. Es ist nicht nur ein Schloss (Veranstaltungsort von Feierlichkeiten, Hochzeiten und Empfängen), sondern auch echter mittelalterlicher, sehr malerischer Borgo mit vier Gästehäusern mit eigenem Garten. Die Weine der Familie werden natürlich in den mittelalterlichen Kellereien des Schlosses hergestellt.

75__Die Zementwerke von Ozzano

Industriearchäologie im Casalese

Schon der größte Strukturalist Pier Luigi Nervi bewunderte 1923 den majestätischen »Paraboloiden« in Casale Monferrato, der heute ein Kulturzentrum ist. Er ist ein Symbol für die Geschichte der Zementherstellung im Monferrato, einer der großen Schätze der Gegend. An dieser Stelle möchten wir die geologischen Gründe, den Aufschwung und die führenden Figuren der hiesigen Zementindustrie aussparen, die sich vornehmlich in Ozzano, Coniolo (siehe Ort 61) und Morano sul Po entwickelte. Dazu gibt es zahlreiche Veröffentlichungen und vor allem Studienzentren sowie Fördervereine dieser Orte, die Begehungen von Öfen, Brücken, Fabriken, Tunnels, Förderschächten, Schienenwegen und Silos organisieren, die Ihnen (wie uns) helfen werden, Ihre Besichtigung zu planen. Besonders nützlich und materialreich ist hier die Webseite www.ilcemento.it des Kulturvereins Il Cemento.

Unter diesen Vereinen kommt dem OperO (Ozzanesi per Ozzano) eine Sonderrolle für Ozzano Monferrato zu, in dem die meisten Zeugnisse der Kalk- und Zementindustrie zu bewundern sind.

Talwärts von der Altstadt, die mit ihrer Burg aus dem 15. Jahrhundert typisch für das Hügelland des Monferrato ist, befindet sich der kleine Weiler Lavello, der im Laufe des 19. Jahrhunderts mit dem Aufschwung der Zementproduktion anwuchs und eindrückliche Spuren von Industriearchäologie bewahrt.

Überall in der Gegend stößt man auf Hinterlassenschaften dieser einst so produktiven Zeit, häufig handelt es sich um verlassene oder gar zerfallende Bauten (was sie natürlich noch faszinierender macht), die nicht immer leicht zu erreichen sind. Daher sind die ausgegebenen Karten und Führungen nützlich. Sehr eindrücklich aufgrund ihrer Größe und Komplexität ist das Werk mit sechs Öfen für die Herstellung von natürlichem Portland-Zement aus den Jahren 1911 bis 1924 der Unternehmen Milanese und Azzi.

Adresse Associazione OperO, Via Colombaro 1/b, 15039 Ozzano Monferrato (AL) | **Anfahrt** die Autobahn A 26 bei Ausfahrt Casale Monferrato Sud verlassen, weiter auf der SP 55 in Richtung Ozzano Monferrato | **Öffnungszeiten** Für Besichtigungen und Karten besuchen Sie die Webseite www.associazioneopero.it, E-Mail: segreteria@associazioneopero.it. | **Tipp** Mit ihrem Blick auf den Fluss Po (herrliche Sonnenuntergänge) finden sich auf diesen Hügeln auf jeder Kuppe Burgen aus dem Mittelalter. Besonders lohnend die von Camino (wird derzeit restauriert) und Gabiano (mit »luxury suite« zum Übernachten: www.castellodigabiano.com).

76_Luigi Tenco

Das unauffällige Grab eines Großen der italienischen Musik

In Italien kennt jeder Luigi Tenco, einer der größten *cantautori* aller Zeiten, der ganze Generationen ab 1959, dem Jahr seines ersten Albums, träumen, leiden und nachdenken ließ. Jeder weiß (jedenfalls in Italien und ab einem bestimmten Alter), dass Tenco sich am 27. Januar 1967 während des Festivals von Sanremo das Leben nahm. Dieser Pistolenschuss erschuf unvermeidlich einen Schein des Geheimnisvollen um eine mittlerweile mythische Figur. Nicht alle wissen allerdings, dass das Grab von Tenco sich in Ricaldone befindet.

Als große, unstete und unbequeme Figur, wie fast alle Künstler aus dem südlichen Piemont (Cesare Pavese führt die Liste an), sang Luigi Tenco göttlich und erzählte traurige und persönliche Geschichten. Mit seinem Tod verschwand für immer die Vorstellung der *musica leggera* als unbekümmertes und gehaltloses *divertissement*, deren einzige Formensprache der Schlager war. Die zwei Strophen »*Sapere se domani / si vive o si muore*« haben mit seinem tragischen Tod in den Köpfen vieler Platz genommen (sie wären auch ohne diesen berühmt geworden, denn sie sind pure Poesie).

Ricaldone ist seine letzte Ruhestätte geworden, und zu seinen Ehren wird das Festival-Tribute »Isola in Collina« jedes Jahr in der dritten Juliwoche ausgerichtet (www.tenco-ricaldone.it). Im Laufe der Zeit haben diesen kleinen Ort (der dazu sehr malerisch ist, prächtige Weinberge und Sonnenuntergänge bis nach Monviso auf den Cottischen Alpen) einige der wichtigsten Songschreiber und Barden Italiens aufgesucht, von Francesco De Gregori über Carmen Consoli, von Ivano Fossati über Bruno Lauzi und Vinicio Capossela bis hin zu Gino Paoli, Eugenio Finardi, Enzo Jannacci und den Afterhours. Alle wollten ihm Ehre erweisen jenseits aller musikalischen Moden. Tenco war ein generationenübergreifendes Phänomen, anders als alle anderen. Der Kulturverein Luigi Tenco richtet seit 1992 das Festival aus und sorgt dafür, dass das Bild von Luigi Tenco nicht verblasst. Das Grab dagegen ist diskret, normal. Ein Ort, den man übersehen könnte, so wie er vielleicht auch gerne sein Leben gelebt hätte.

Adresse Cimitero di Ricaldone, Via Roma 6, 15010 Ricaldone (AL) | **Anfahrt** die E 70 bis Alessandria fahren, dann auf die E 25, bei Alessandria Sud abfahren und weiter auf der SP 30, vor Cassine auf die SP 235 einbiegen, die Sie nach Ricaldone bringt | **Öffnungszeiten** Für die Öffnungszeiten des Friedhofs bitte die Gemeinde unter Tel. 0144/74120 kontaktieren. | **Tipp** Unweit von hier, im hochgelegenen Strevi, befindet sich der Sitz der Marenco Vini, Winzer seit 1925, die zu den besten Herstellern von Muskat und des berühmten Passito di Strevi zählen. Sie können ihre Erzeugnisse am Firmensitz erstehen (Piazza Vittorio Emanuele II 10). Neben Weinproben und Spaziergängen bieten sie auch ein Bed and Breakfast in der Cascina Valtignosa (SP 233 N. 24, 15016 Cassini, www.marencovini.com, Tel. 0144/363133) an.

77__Der Sacro Monte von Crea

Das »Neue Jerusalem«, vom Kalvarienberg zum Paradies

Wie viele der piemontesischen Heiligen Berge, die seit 2003 Kulturerbe der UNESCO sind, ist auch der Sacro Monte von Serralunga di Crea in etwa 400 Metern Höhe eine solch spektakuläre Verflechtung von Architektur, Malerei, Bildhauerei, Geschichte und Landschaft, dass er auch diejenigen begeistert, die religiöser Eingebung unbeeindruckt gegenüberstehen.

Die Pilgerstätte wurde ab 1589 entlang des Hügelhanges nach der Mode der damaligen Sacri Monti angelegt. Als »Neues Jerusalem« sollten sie den Pilgern eine sicherere Alternative zur Reise ins Heilige Land bieten und boten ihnen »maßstabsgetreue« Szenen des Lebens Christi, der Maria oder der Heiligen. In Crea gelangte man von den 18 ursprünglich geplanten Kapellen auf heutige 23, die für ihre Verzierungen großer Künstler des 17. Jahrhunderts wie Guglielmo Caccia zu Recht bewundert werden.

Die Kapelle XXIII, beschaulich am Ende der Via Sacra positioniert, ist die vielschichtigste: Im Inneren des Gebäudes aus dem späten 16. Jahrhundert mit kreisförmigem Grundriss, Kuppel und Loggia, erwarten den Besucher der Triumph der Jungfrau zwischen Engeln und ein wimmelnder »Schwarm« von 300 betenden und andächtigen Figuren: Apostel, Märtyrer und verschiedene Heilige, Kardinäle und Bischöfe, Mönche und Nonnen, ein Bauer mit Sense, ein Maurermeister mit den Werkzeugen seines Berufsstandes. Nicola und Giovanni Tabacchetti schufen von 1604 bis 1612 dieses Ensemble, das mit einer komplexen netzförmigen Konstruktion an der Decke verankert ist.

Geblendet von diesem Wunderwerk beachtet man die Kapelle XVI (»Aufstieg Jesu zum Kalvarienberg«) vielleicht weniger, die 1889 nach einem Entwurf von Crescentino Caselli neu gebaut wurde, einem Schüler von Alessandro Antonelli und sein Mitarbeiter beim Bau der Mole Antonelliana von Turin. Die wohlgegliederte Skulpturengruppe wurde zwischen 1892 und 1895 vom Casalesen Leonardo Bistolfi (siehe Ort 52) kreiert, einem hochinteressanten Vertreter der symbolistischen und Jugendstil-Skulptur.

Adresse Santuario della Madonna di Crea, Piazzale Santuario 20, 15020 Serralunga di Crea (AL) | **Anfahrt** die E 70 Turin–Piacenza–Brescia bei Ausfahrt Asti Est verlassen, dann der SS 706 Richtung Portacomaro und die SP 457 Richtung Pontestura folgen, nach Moncalvo links auf die SP 19 bis Ponzano Monferrato, dann zum Santuario; bequeme Parkmöglichkeiten | **Öffnungszeiten** Heiligtum: Tel. 0142/940109; Riserva Speciale del Sacro Monte di Crea, Cascina Valperone 1, Ponzano Monferrato (AL): Tel. 0141/927120, www.parcocrea.com; Informationen zu den Sacri Monti als Kulturerbe der UNESCO: Ente di Gestione dei Sacri Monti, www.sacri-monti.com, Tel. 0141/927120 und www.sacrimonti.net | **Tipp** Gönnen Sie sich einen Tag der Entspannung im Heiligtum, den Kapellen und den wunderschönen Grünflächen des Parks. Leckere Küche und einen auf Grignolino-Weine spezialisierten Keller finden Sie im Ristorante di Crea (Tel. 0142/940108) am Piazzale Santuario.

78 Die Madonna von Squaneto

Ein spektakulärer Marmor der großen Genueser Schule

Häufig erwächst das Wunderbare aus Kontrasten: Das Anomale, Unerwartete, Unzusammenhängende, der Bruch von Stil, Thema, Maßstab. Wenn wir entgeistert vor etwas stehen, das wir an diesem Ort und diesem Moment nicht erwartet hätten. Genau dieses Gefühl überkam uns, als wir die große und wunderbare Madonna mit Kind in der kleinen Kirche Sant'Anna inmitten der Täler des Monferrato di Spigno erblickten. Deren Geschichte zudem noch ziemlich verworren ist.

Man weiß, dass das Kirchlein eine spektakuläre Statue aus dem 17. Jahrhundert in weißem Marmor der Genueser Schule bewahrt, die circa zwei Meter misst und die Unbefleckte Empfängnis darstellt. Angesichts des kostbaren Materials und der hohen Qualität von Komposition und Details wurde das Werk gar Gian Lorenzo Bernini zugeschrieben. Neuere, auf Betreiben von Don Angelo Siri durchgeführte Studien zeigten, dass es der Hand des Genuesers Pasquale Bocchiardo entstammt, der dem neoklassizistischen Geschmack der römischen Schule nahestand. Seine Werke sind in Genua und in Ligurien, aber auch an entfernten Orten zu finden, wie Teneriffa auf den Kanarischen Inseln und in Portugal zwischen Coimbra und Lissabon, die die seefahrenden Genueser damals frequentierten.

Neben ihrer Schönheit und Imposanz macht die Madonna di Squaneto auch durch ihre Geschichte und die verschlungenen Wege von sich reden, über die sie in die Täler des Spigno gelangte. Die (sehr unzuverlässigen) Memoiren des Propstes Don Reverdito, zur Mitte des 19. Jahrhunderts Kaplan von Squaneto, wollen uns weismachen, dass er die Statue selbst 1811 in Savona erstand. Aber die ebenfalls kaum überprüfbare *vox populi* behauptet, dass die Statue aus Savona von den napoleonischen Truppen geraubt wurde, die sie aufgrund von Transportschwierigkeiten beim Heimweg der Familie Reverdito aus Squaneto verkauften. Das Rätsel bleibt also bestehen, was der Statue, wie immer in diesen Fällen, einen besonderen Reiz verleiht.

Adresse Chiesa succursale di Sant'Anna, Località Bergaglio, 15010, Frazione Squaneto, Spigno Monferrato (AL) | **Anfahrt** auf der SP 30 von Acqui Terme kommend, Spigno Monferrato durchqueren und die SP 215 Richtung Pareto einschlagen, rechts abbiegen nach Squaneto; die nächste Autobahn ist die Turin – Savona mit der Ausfahrt Altare, dann die SP 29 Richtung Cairo Montenotte, dann rechts nach Squaneto | **Öffnungszeiten** zum Betreten der Kirche erfragen Sie den Schlüssel beim Ehepaar Viazzi, nahe der Kirche, Kontakte und Informationen unter: www.comune.spignomonferrato.al.it, Tel. 0144/91155 | **Tipp** In einem urigen Gebäude aus Stein und Backsteinen in Squaneto ist das Bed and Breakfast Villa Desasi aufgehoben (Squaneto Inferiore 7, www.villadesasi.it, Tel. 0144/91398); unweit davon liegt der Campingplatz Tenuta Squaneto mit Parzellen und großen Zelten mit eigenem Bad, den eine niederländische Familie betreibt, deren Gäste überwiegend Landsleute sind (www.tenutasquaneto.it, Tel. 0144/91862).

79 Ruinenromantik im Castello di Vesime

Wie aus dem Märchen

Im Herzen der Alta Langa thront die Burg von Vesime über dem Fluss Bormida, eines jener Gebäude, das aus einem Fantasyfilm oder den Bildern für ein Grimm-Märchen zu entstammen scheint. Die Burg ist eine Ruine, aber ihre Faszination überstrahlt noch die imposanten Türme und Mauern, die aus dem Dickicht ragen.

Zwischen 1200, dem Jahr ihrer Erbauung, und 1644, ihrer Zerstörung durch die Spanier, bewohnten die mächtigen Marchesen Del Carretto den Ort.

Die Geschichte der Burg wird zum Rätsel, ja beinahe zum Krimi, weil in ihr angeblich ein Schatz versteckt sein soll (tatsächlich stieß man auf zahlreiche mysteriöse Grabungen, vielleicht sepulkraler Natur).

Die Geschichte wird noch unheimlicher, wenn man erfährt, dass in der dichten Vegetation irgendwo eine Art handwerklich gefertigtes Totem steht, das mit bäuerlichem Werkzeug hergestellt wurde.

Natürlich hat dies die Phantasie der Menschen hier beflügelt und Verschwörungstheoretiker auf den Plan gerufen, die die Lust am Ungewissen umtrieb. Im Laufe der Zeit wurde dieser faszinierende Ort schließlich zum Kult.

Abgesehen von seiner Geschichte ist der Burgbau wirklich interessant, auch wenn freilich wenig von seiner ursprünglichen Struktur geblieben ist: verfallene Mauern und ein kürzlich restaurierter Burgfried, der zum äußeren Verteidigungsring gehörte und mit dem Dorf verbunden war.

Jahrelang war das Castello aufgrund der dichten Vegetation fast unzugänglich. Es ist einer dieser phantastischen Stätten, die nicht auf einen bestimmten Ort reduziert werden können, sondern aufgrund ihrer Aura überall stehen könnten, in Schottland wie auf dem französischen Land, in den Pyrenäen wie im Heiligen Land.

Adresse SP 25 81, 14059 Vesime (AT) | **Anfahrt** die A 21 Torino-Piacenza-Brescia bei Asti Est verlassen, dann Ausfahrt SP 456 nach Canelli / Nizza Monferrato / Acqui Terme einschlagen und den Schildern nach Vesime folgen | **Tipp** La Dolce Langa an der Piazza Vittorio Emanuele II 7 in Vesime (Tel. 0144/89128, www.ladolcelanga.com) ist die Konditorei von Fabrizio Giamello, der zusammen mit Ehefrau Barbara ausgezeichnete Spezialitäten wie die Torte Bacio di Langa zaubert, einen Haselnuss-Mürbeteig gefüllt mit einer Haselnuss-Schokoladencreme. Gemeinsamer Nenner ihrer Kreationen ist die Haselnussart Tonda Gentile Trilobata, eine Legende sowie eine einträgliche Einnahmequelle für diesen Landstrich.

80 Gardella und Borsalino

Der Architekt des berühmtesten Hutes der Welt

Chicago hat Frank Lloyd Wright, Turin hat Antonelli und Mollino, Como hat Giuseppe Terragni ... Nicht viele Städte können ihren Gästen Rundwege zur Architektur des 19. und 20. Jahrhunderts bieten, in denen die enge Beziehung zwischen dem Architekten und seiner Stadt sichtbar wird. Alessandria ist eine von ihnen. Hier war Ignazio Gardella seit einem halben Jahrhundert für einen angesehenen Auftraggeber tätig: Für das berühmte Hutunternehmen Borsalino schuf er im Rahmen einer langen und gewinnbringenden Zusammenarbeit eine ganze Reihe von Gebäuden und wurde in der Zwischenzeit ein international bewunderter Architekt und Designer.

Das Sanatorium (1929–34, Via Forlanini 26, zusammen mit dem Vater, ebenfalls Baumeister, realisiert) und das Einkaufszentrum Agorà (1984–91, Via Cavour 84) sind die beiden chronologischen Extrempunkte seiner Tätigkeit in Alessandria, in welchen man nicht nur die über die Jahrzehnte veränderte Formensprache (von den Dogmen des Movimento Moderno zur Annäherung an die freiere Postmoderne), sondern auch seine Berücksichtigung des Kontextes und der spezifischen Aufgabenstellungen jedes Projekts bewundern kann.

Ein Rundweg für Gardella muss zwingend von der Straße mit der Tuberkolose-Klinik ausgehen (1933–38, Via Don Gasparolo 2–4), einer Ikone des rationalistischen Bauens in Italien, und dann zu den öffentlichen und privaten Auftragsbauten führen. Bei Letzteren stechen die von Borsalino in Auftrag gegebenen Konstruktionen heraus (auch ihre Familienkapelle auf dem Friedhof, 1939). Zu den wichtigsten Projekten zählen der Wiederaufbau und die Sanierung des Werks (1944–63), heute Sitz des Hutmuseums (Museo del Cappello, Via Cavour 84, zurzeit geschlossen), die Häuser für die Angestellten (1948–52, Corso Borsalino 15–17) am Stadtrand (das Wohnzimmer jeder Wohnung ist sowohl zur Straßen- wie zur Gartenseite angelegt), die Zuschneidungs-Abteilung (1949–66, Corso XX Settembre 6) und die Opera-Pia-Stiftung Borsalino-Veglio für junge Arbeiterinnen (1964, Via Savonarola 71).

Adresse 12063 Alessandria | Anfahrt A 21 Turin – Piacenza – Brescia, Ausfahrt Alessandria Ovest, weiter in Richtung Centro, Parkplätze sind ausgeschildert | Öffnungszeiten Die Außenbereiche sind immer, die Innenbereiche der öffentlichen Gebäude nur zu den Bürostunden zugänglich. | Tipp Verpassen Sie nicht das vom Künstler Gino Severini an der Fassade des Post- und Telegraphenamts (vom römischen Architekten Franco Petrucci 1938 – 41, an der Piazza della Libertà 23 – 24) gestaltete Fresko, das mit figurativer und abstrakter Bildsprache die Entwicklung des Postwesens in der Welt zeigt. Drinnen findet sich ein weiteres Mosaik von Severini auf der linken Seite sowie im früheren Schreibsaal ein Fresko von Giulio Rosso.

81_Marengo Museum

Napoleon und die Schlacht

Wie in vielen Teilen Italiens hat auch (und vor allem) im Piemont fast jede Gemeinde ihren »napoleonischen« Ort. Vom Baum zu Chausseen bis hin zu den unzähligen Häusern und Palazzi, von denen man sagt, dass Monsieur Bonaparte dort zu übernachten geruhte. Napoleon Bonaparte ist eine jener Figuren in der Menschheitsgeschichte, die niemanden gleichgültig lassen: Entweder man liebt oder hasst ihn. Während Michael Frank in seinem Roman »The Mighty Franks« (auch) von der Begeisterung seiner Tante für den selbstgewählten französischen Kaiser erzählt, gehört das Verfasserpaar dieses Büchleins nicht gerade zu den Fans des berühmtesten Korsen aller Zeiten. Wir würdigen seine Meriten (wie auch nicht), rügen aber sein übermäßiges Streben nach Vergoldung, sozialem Aufstieg, das Brokat in etwas zu schrillen Farben und seine Gier nach den Kunstwerken anderer.

In Spinetta Marengo (Marengo hieß auch das berühmte Pferd Napoleons) gewann Bonaparte 1800 eine seiner legendärsten Schlachten gegen die Österreicher um die Vormachtstellung in Norditalien (die im Pariser Arc de Triomphe verewigt ist). Heute hat hier das Marengo Museum seinen Sitz, das von der Geschichte des italienischen Feldzugs 1800, von der Schlacht selbst erzählt und Ursachen, Entwicklungen und Folgen analysiert, in der Überzeugung, dass der Sieg ein wichtiges Element bei der späteren Vereinigung Italiens spielte. Symbol des Museums ist seine pyramidale Form, die ein Edikt Napoleons zum Bau einer Pyramide in Gedenken an seinen Sieg und den Gefallenen zum Vorbild hat. *Et voilà*, nach nur 209 Jahren wird dieser Bau endlich Wirklichkeit, und zwar in Form einer verblüffenden Pyramide aus Corten-Stahl, die sich mit der sehr viel berühmteren und meistfotografierten Pyramide von I. M. Pei vor dem Louvre (nicht) messen kann. Aber uns gefällt sie in ihrem lokalpatriotischen Geist und wir möchten sie Ihnen ebenso ans Herz legen wie das Museum selbst.

Am Ende des vergnüglichen Rundgangs wird Napoleon Ihnen bestimmt mehr gefallen (wenn das nicht schon vorher der Fall war).

Adresse Via Giovanni Delavo/Via Barbotta, Frazione Spinetta Marengo, 15122 (AL) | Anfahrt A 21 bei Alessandria Est abfahren, dann den Schildern zum Museum folgen | Öffnungszeiten Sa, So 15–19 Uhr, Tel. 0131/234266, www.marengomuseum.it | Tipp Ein solidarisches und gehaltvolles Mahl in urig-rustikalem Ambiente oder (je nach Jahreszeit) unter den Bäumen finden Sie in der Ristorazione Sociale in Alessandria (Viale Milite Ignoto 1/a, Tel. 329/2329806).

82 Walter Massa

Der Erfinder des Timorasso

Viele bilden sich beim Thema Wein ein, Kenner zu sein, darunter auch die Autoren dieses Bandes. Aber wenn man jemanden wie Walter Massa kennengelernt hat, der zur unbestrittenen Winzerelite zählt und einen Wein mit dem edlen Klang Timorasso mit autochthonen Trauben im Tortonese herstellt, wird man wieder bescheidener. Massa ist ein höflicher Signore wie aus einer anderen, irgendwie edleren Zeit, der seine Arbeit und seine Weinberge liebt.

Seine Geschichte geht in etwa so: Im Jahr 1909 wurden vom Bahnhof Tortona aus noch circa 30.000 Hektoliter Wein, vor allem Weißwein, überwiegend in die Schweiz und nach Deutschland verschickt. Just in diesen Jahren zerstörte die aus Amerika im ausgehenden 19. Jahrhundert eingeschleppte Reblaus die Weinberge ganz Europas und bewirkte eine finanzielle, soziale und ökologische Katastrophe historischen Ausmaßes. Bei der Wiederbelebung der italienischen Landwirtschaft in der Nachkriegszeit der 1950er Jahre verlangte der italienische Markt vor allem nach Rotweinen. In der Umgebung von Tortona setzte man daher vermehrt auf Barbera, und veränderte damit das ausgeglichene Verhältnis von weißen und roten Weintrauben der Vor-Reblauszeit. Das Gebiet von Tortona wandelte sich von einem Anbieter weißer und roter Weine zu einem rein auf roten Barbera spezialisierten Anbaugebiet. Als sich der Markt in den 1970er Jahren wieder vermehrt Weißweinen zuwendete, konnten nur wenige Weinbaugebiete in Italien, wie Gavi und das Friaul, mit Trauben und Weinen von Qualität aufwarten. Das Anbaugebiet um Tortona hatte daher durch den Erfolg des angrenzenden Gavi das Nachsehen.

Als 1987 Walter Massa die Geschicke des Familienwinzerbetriebs in die Hände nahm, war er mit der Qualität des Weißweins der Cortese-Rebsorte nicht zufrieden. Er versuchte sich an der Vinifikation von circa 10 Zentnern Timorasso-Trauben. Als er das Etikett drucken sollte, vermied er das etwas dröge »autochthone Rebsorte« und schrieb stattdessen ein poetisches »seltene Rebsorte«. Der derzeitige auch internationale Erfolg des Timorasso hatte so begonnen.

Adresse Vigneti Massa, Piazza Capsoni 10, 15059 Monleale (AL), Tel. 0131/80302 | Anfahrt von der A 21 Turin–Piacenza–Brescia weiter auf der A 7 und bei Tortona ausfahren, dann weiter in Richtung Monleale | Öffnungszeiten täglich 11–16 Uhr | Tipp Haben Sie erst einmal die ganze Geschichte dieses Weines gehört, werden Sie Hunderte von Kisten kaufen und sich als Botschafter des Timorasso in der ganzen Welt stark machen.

83 Basilica della Maddalena

Der Sacro Monte in Miniatur

In Crea (siehe Ort 77) gibt es einen echten Sacro Monte (»Heiliger Berg«), dessen Kapellen auf einem baumbestandenen Hügel stehen. Aber im Zentrum von Novi Ligure gibt es einen in Miniatur, der auch aus diesem Grund ziemlich außergewöhnlich ist. Er liegt in der Basilica della Maddalena, die zwischen dem 15. und 16. Jahrhundert im Auftrag der Compagnia dei Disciplinati della Maddalena erbaut wurde, seit Anfang des 17. Jahrhunderts Confraternita di Santa Maria Maddalena e del Santissimo Crocefisso.

Hinter der schlichten, von Lisenen rhythmisierten und von einem dreieckigen Giebel gekrönten Kirchenfassade steckt die Überraschung: Ein langgestreckter Saal öffnet sich in einen recht engen, vom Kirchenschiff durch eine sehr originelle dreibögige Struktur abgetrennten Chor: Die zwei äußeren Bögen verlaufen schräg, der mittlere, höher angelegte dagegen rahmt den Hauptaltar ein. Über diesem sind acht Figuren aus bunter Terrakotta bei der Beweinung des toten Christus aus dem ausgehenden 16. Jahrhundert zu sehen. Darüber die herrliche Gruppe aus Holzskulpturen in der Kreuzigungsszene, deren Figuren symmetrisch auf Stufen, die zur Gruppe der drei Kreuze führen, angeordnet sind. Zu dem von flämischen Künstlern im Übergang vom 16. zum 17. Jahrhundert geschaffenen Komplex gehören 21 menschliche Figuren in Lebensgröße, darunter zwei Krieger hoch zu Ross.

Das große Fresko im Hintergrund stellt das Empyreum mit Gott, den Engeln und den Heiligen dar, die die Ankunft Christi erwarten. Zusammen bilden diese Werke ein meisterhaftes Ensemble, eine Darstellungsart, bei der sowohl die szenische Gesamtorganisation – einschließlich des klaren Hintergrunds – als auch die Qualität der einzelnen Figuren beitragen, die dank der letzten Restaurierung endlich in den kleinsten Details mit ihrer großen Raffinesse und Ausdrucksstärke erkennbar sind. In der Kirche wird die versilberte Plastik aufbewahrt, die die Stadt um 1750 noch mit Stadtmauern zeigt. Kurioserweise sind alle Tavernen der damaligen Zeit eingetragen.

Adresse Via G.C. Abba 28, 15067 Novi Ligure (AL) | **Anfahrt** Autobahn A 26/A 7 bei Novi Ligure verlassen, weiter auf der SP 154 bis zum Zentrum; an der Piazza Pernigotti parken | **Öffnungszeiten** Sa 16–18 Uhr, weitere Öffnungen auf Anfrage unter Tel. 0143/76600 | **Tipp** Bei einem Spaziergang durch die freskengeschmückten Palazzi der Altstadt versteht man, weshalb die reichen Genueser hier im 17. und 18. Jahrhundert ihre Sommerfrische verlebten. Im Palazzo Negroni (Piazza Dellepiane 3) sind zwei Meridiane zu sehen, einer basierend auf dem italischen, der andere auf dem französischen Revolutionskalender. Eine Rarität in Italien.

84_Girardengo und Coppi

Das Museum der Champions

Nicht zufällig steht das Museo dei Campionissimi ausgerechnet hier in Novi Ligure. Keine andere Gegend in Italien hat so viele Radprofis hervorgebracht. Unweit von hier, in Castellania nel Tortonese, liegt der Geburtsort von Fausto Coppi, dem Campionissimo par excellence, dessen Rivalität zu Gino Bartali in der unmittelbaren Nachkriegszeit Italien, Jahrhunderte nach den Guelfen und Ghibellinen, in zwei unversöhnliche Lager spaltete. Und hier in Novi wurde 1893 Costantino Girardengo genannt Costante geboren, zweimaliger Sieger des Giro d'Italia und erster Campionissimo in der Geschichte des italienischen Radsports. Nach seinem Rückzug aus dem aktiven Sportleben 1936 lebt sein Name in einer Fahrradmarke und einer Radprofimannschaft weiter.

Diese Gegend, die von vielen als »Universität des Radsports« bezeichnet wird, ist natürlich auch die Heimat einiger der glanzvollsten Fahrradbauer, wie Santamaria und Fiorelli, aber auch interessanten Randfiguren dieses Panoramas, wie dem bekannten Banditen der Zeit, Sante Pollastri, ebenfalls aus Novi und großer Fan des Champions Girardengo, deren Männerfreundschaft vom Liedermacher Francesco De Gregori in »Il bandito e il campione« besungen wird. All dies und vieles mehr erzählt das hiesige Museum, ein wahres Heiligtum des Radsports (in sportlicher und in epischer Hinsicht), das Anfang des 20. Jahrhunderts in einer Fabrikhalle der Ferriera eingerichtet wurde.

Auf einer zentral gelegenen »Piste« wird die Entwicklung der Fahrbahn, von festgestampften Böden bis zu den heutigen Materialien anhand von 40 Fahrradtypen illustriert, die vom Holzrad zu Karbonfasern auch die Evolution des Rennrads zeigen. Mit Zeitungsausschnitten, Filmmaterial der Epoche auf Riesenbildschirmen Augenzeugenberichten und Radioübertragungen sind wir mittendrin in den spektakulärsten Rennen mit den besten Fahrern. Auch der Fahrerinnen wird gedacht, angefangen mit der »*diavolo in gonnella*« (Teufelin im Rock) Alfonsina Morini-Strada, die erste Frau, die an Männerwettbewerben wie dem Giro d'Italia teilnahm und zu den Pionieren bei der Geschlechtergleichberechtigung im Sport zählt.

Adresse Viale dei Campionissimi 2, 15067 Novi Ligure (AL) | **Anfahrt** von A 26 / A 7 bei Novi Ligure abfahren, weiter auf der SP 154 bis zu den Toren der Stadt; viele Parkmöglichkeiten | **Öffnungszeiten** Fr 15–19 Uhr, Sa, So und Feiertage 10–19 Uhr, andere Tage nach Reservierung unter www.comunenoviligure.gov.it | **Tipp** In Castellania wurde dem »Campionissimo« Fausto Coppi und seinem Bruder Serse im Jahr 2000 ein Museumshaus gewidmet (in Via Fausto Coppi 9, Tel. 0143/322118, www.faustocoppi.it; Sa 15–18.30 Uhr, So 10–12 und 15–18.30 Uhr, andere Tage nach Reservierung, vom 3. Jan.–31. März geschlossen). Im nahen Restaurant Il Grande Airone (Via Marconi 4, Tel. 0131/1935541), dem Spitznamen von Coppi, werden Gerichte der Tradition, mit zwei »Menüs des Radfahrers« am Wochenende angeboten.

85 Museo della Maschera

Holz- und Tennisschuhe

Maschera auf Italienisch, *masque* auf Französisch, *máscara* auf Spanisch und Portugiesisch und jenseits des romanischen Sprachraums *mask* im Englischen und Maske im Deutschen – alle sind abgeleitet vom Lateinischen *masca*, »Hexe«. Hier ist nicht der Ort, um die komplexe Bedeutungsverschiebung darzulegen, die im Mittelalter dazu führte, dass der Begriff den Sinn von Verkleidung annahm. Wichtig ist nur zu wissen, dass die ursprüngliche Bedeutung des Ausdrucks im piemontesischen bewahrt wurde. So wimmelt der Piemont nur so von »Masken« (siehe Ort 30), mit ihren Festen, Feierlichkeiten und Tänzen. In Rocca Grimalda, Teil des ehemaligen Herrschaftsgebiets von Genua, gibt es einen uralten Karnevalsbrauch, die Lachera, deren Kostüme Ähnlichkeiten mit denen ähnlicher Riten in vielen Teilen Europas aufweisen.

Um diese antike, heute noch lebendige Tradition zu bewahren, wurde hier dank der Arbeit des Laboratorio Etno-Antropologico 2000 das Museo della Maschera eröffnet. Es fungiert als Kulturzentrum im Dialog mit italienischen und europäischen Einrichtungen zum Studium volkstümlicher Bräuche. In der Sammlung sind viele Objekte zeremonieller Kleidung vorhanden: Masken, Gewänder, Kopfbedeckungen, kurzlebige und sehr raffinierte Accessoires. Neben den charakteristischen Holzschuhen und den Blumen aus Pappmaché gibt es auch Tennisschuhe und aufmontierte Rückspiegel aus Plastik. Lassen Sie sich aber nicht beirren, sagt man uns im Museum, was Sie sehen, »ist keine Abwendung von der Tradition, sondern die notwendige Anpassung eines lebendigen Rituals an die Zeit, das durch den Austausch mit der Aktualität immer neues Leben und Kraft schöpft«.

Zwischen Tiermasken und den uralten »Schwerttänzen«, zwischen italienischen und internationalen, knallbunten oder haarigen Masken erzählt das Museum vom außergewöhnlichen Wesen jedes Ortes, aber auch von gemeinsamen Merkmalen, die eine beschwörende Funktion hatten und in unterschiedlichen Gebieten und Zeiten das Unglück fernhalten, dem Glück zuträglich sein und die Fruchtbarkeit der Frauen und Felder vermehren sollten.

Adresse Museo della Maschera, Piazza Vittorio Veneto 1, 15078 Rocca Grimalda (AL) | Anfahrt von Ausfahrt Alessandria Sud auf der Autobahn A 26 weiter auf SP 30, dann auf SP 185 in Richtung Ovada, schließlich rechts auf die SP 190 Richtung Rocca Grimalda | Öffnungszeiten jeden So Mai–Mitte Okt. 15–19 Uhr geöffnet, Besichtigungen nach Reservierung, www.museodellamaschera.it, Tel. 0143/873552 | Tipp Das Museum liegt in der Nähe der Burg von Rocca Grimalda, die über dem Tal der Orba thront, im 13. Jahrhundert um den runden Wachturm gebaut und von den Familien Trotti und Grimaldi in einen Adelssitz umgewandelt wurde. Aus dieser Zeit stammen die majestätische Fassade und der Hängegarten. Sie können hier in »charmanten Apartments« wohnen und gegen Reservierung sowie zu speziellen Anlässen die Burg besichtigen (www.castelloroccagrimalda.it, Tel. 0143/873128).

86 Die Orte von Pellizza

Der pointillistische Meister des Lichts

Giuseppe Pellizza da Volpedo (1868–1907) ist wohl einer der wenigen Maler des italienischen 19. Jahrhunderts, der auch Nichtfachleute anspricht. Was ihn so faszinierend, charakteristisch und zugänglich für alle macht (jedenfalls scheinbar), sind die Sujets, die Ausmaße seiner Gemälde, der sehr originelle Pinselstrich und vor allem das Licht, das entweder die diffuse Note des Morgengrauens oder Sonnenuntergangs trägt oder die Menschen, Tiere oder Landschaften klar ausleuchtet oder auch als Gegenlicht präsent ist, sodass sich die vorbeiziehenden Schafe vom Hintergrund der gepflügten Felder abheben.

In seinem Heimatstädtchen Volpedo gibt es eine ganze Reihe an Museen, Besucherzentren, Multimediainstallationen, Rundwegen und öffentlichen Veranstaltungen, die die verdienstvolle Associazione Pellizza da Volpedo organisiert.

Besucher können das großräumige Studio des Malers bewundern (acht mal sieben Meter, fünf Meter Deckenhöhe), ein schönes Beispiel für ein Maleratelier des ausgehenden 19. Jahrhunderts, das Pellizza neben seinem Wohnhaus anlegen ließ: Unterhalb eines großen zenitalen Oberlichts werden die Arbeitsgeräte, die Alltagsgegenstände, Bücher, Briefpapier und einige bedeutsame Werke aufbewahrt, darunter das Porträt des Vaters und der Mutter, zwei Selbstporträts und vorbereitende Skizzen für andere wichtige Werke. Daneben gibt es das Museo didattico im Palazzo del Torraglio an der Piazza Quarto Stato, mit einer beeindruckenden Multimediashow, um die Welt und die Kunst von Pellizza auch Schülern und einem eher kunstfernen Publikum anschaulich vor Augen zu führen.

2017 wurde ein Archiv mit allen Entwürfen für das bekannteste Gemälde Pellizzas eingerichtet, »Il quarto stato« (»Der vierte Stand«, heute im Mailänder Museo del Novecento). Und schließlich gibt es die »Orte von Pellizza«, die auf einem eigens eingerichteten Rundweg mit 18 Stationen erzählt werden, wobei großformatige Nachbildungen seiner Bilder mit den zugrundeliegenden Landschaften und Blickpunkten Zwiesprache halten.

Adresse Associazione Pellizza da Volpedo, Via Sovera 2, 15059 Volpedo (AL) | Anfahrt von Tortona die SP 99 bis Castellar Guidobono, dann die SP 100 in Richtung Volpedo nehmen | Öffnungszeiten Mai – Sept. Sa, So und Feiertage 16 – 19 Uhr, Okt. – April Sa, So und Feiertage 15 – 17 Uhr, Info unter Tel. 0131/80318 und Tel. 338/5633056, www.pellizza.it | Tipp Die Pfarrei San Pietro (Via Cornaggia in Volpedo, nur am Wochenende und nachmittags geöffnet) aus dem 10. Jahrhundert mit schöner Giebelfassade und Fresko des Pantokrator-Christus in der Apsis lohnt ebenso einen Besuch wie die Pfarrei Santa Maria im nahen Viguzzolo (Largo Caduti per la Patria) aus dem 11. Jahrhundert. Übernachten kann man in der grandiosen Jugendstil-Villa des Hotels Villa La Bollina (Via Monterotondo 60, Serravalle Scrivia; www.hotelvillalabollina.com).

87__Die Pinakothek der Kapuziner

Große genuesische Kunst

Auf einer der »Salzstraßen«, die Ligurien mit dem piemontesischen und lombardischen Hinterland verbanden, entstand Ende des 16. Jahrhunderts das Kapuzinerkloster von Voltaggio. Damals lebten hier Pilger und Mönche und noch heute umgibt den Ort eine stille Geistigkeit, zu der die schlichte Architektur, wie die 1662 geweihte Kirche, und die Umgebung mit Wäldern, Hügeln und Bergen beitragen.

1821 erwarb der Marchese De Ferrari aus Genua den Komplex und gewährte den Mönchen ein Nutzungsrecht, sodass das Kloster der Veräußerung von Kirchengütern gemäß dem Gesetz Siccardi von 1866 entging. Zur Jahrhundertwende wurde der Komplex Restaurierungen und Erweiterungen unterzogen, größtenteils ermöglicht durch die Zuwendungen von Maria Brignole Sale, der Gräfin von Galliera und großen Mäzenin und Philanthropin.

Architektur und Unterbringungen entsprechen den strengen Ordensregeln des mönchischen Lebens. Unerwartete Ausnahmen sind die Einrichtung und die Gemälde in Kirche und Kloster, das 1987 aufgegeben wurde und nun eine Pinakothek mit einer der umfangreichsten Sammlungen von Kirchenkunst im Piemont beherbergt. Daneben wird hier eine teilweise herausragende Auswahl von Gemälden aus der großen Zeit Genuas im 16. und 17. Jahrhundert gezeigt.

Alle Großen sind vertreten: Luca Cambiaso, Sinibaldo Scorza, Domenico Fiasella, Gioacchino Assereto, Orazio De Ferrari, Domenico Piola, Il Baciccio und G.B. Paggi. Die circa 200 Werke wurden überwiegend von Pater Repetto im ausgehenden 19. Jahrhundert zusammengetragen, der offenbar schmerzensreiche sakrale Szenen besonders mochte. Von Bernardo Strozzi ist der herrliche »Cristo portacroce« zu sehen, der inmitten tiefschwarzer Nacht und flammenden Rottönen seine Last mit müdem Gesicht, gesenktem Blick und halbgeöffnetem Mund erträgt, die Hände um das Kreuz gewunden, die Knöchel weiß hervortretend.

Adresse Via Provinciale 1, 15060 Voltaggio (AL) | Anfahrt Ausfahrt Serravalle Scrivia von Autobahn A 7 Mailand – Genua nehmen, weiter auf SP 161 und SP 160 in Richtung Voltaggio, am Ortsausgang bis zum Kreisverkehr, dort gute Parkmöglichkeiten | Öffnungszeiten Mai – Sept. So und Feiertage 15.30 – 18.30 Uhr, Eintritt kostenlos mit Spende (www.pinacotecadivoltaggio.it), Infos und Führungen unter Tel. 347/4608672 | Tipp Gleich nach der Autobahnausfahrt in Serravalle lohnt sich eine Besichtigung der Ausgrabungsstätte der römischen Stadt Libarna (Via Arquata 63, Serravalle S., www.libarna.al.it, Tel. 0143/633420). Möchten Sie dagegen Ihre Shoppingsucht stillen (oder anthropologische Studien anstellen), dann empfehlen wir das postmoderne Outlet von Serravalle Scrivia (Via della Moda 1), mit 240 Geschäften und 10 Restaurants eines der größten Italiens.

88 Cantè j'euv

Von wegen »Süßes oder Saures«

Zu den so unglaublichen (und unerträglichen) Traditionen, die wir aus dem Ausland eingeführt haben, gebührt dem berüchtigten »Süßes oder Saures« der US-amerikanischen Folklore der erste Platz, die Tausende von Kindern dazu bringt, in der Nacht von Allerheiligen durch die Straßen der Städte zu schwärmen, um deren Bewohner heimzusuchen.

Unzweifelhaft faszinierender ist da der hiesige Brauch des *Cantè j'euv* (»Besingen der Eier«): In den letzten Nächten vor Ostern, also noch in der Fastenzeit, war es Brauch, um Eier zu betteln. Später wurde diese »Beute« und das Essen mit der Gemeinschaft geteilt. Die jungen Leute, die an dieser kulinarischen Via Crucis teilnahmen, stiegen auf die Tennen und sangen immer dieselbe Weise: »*Suma partì da nostra cà, ca i-era n'prima seira, per venive a salutè, devè la bunha seira …*« (»Wir sind früh am Abend von zu Hause aufgebrochen, um euch zu grüßen und einen schönen Abend zu wünschen«). Das lief noch manierlich ab damals im Gegensatz zum »Süßes oder Saures«! Erschall dieser Gesang, ging üblicherweise der hoffentlich gut gelaunte Hausherr vor die Tür, um den Bettelnden Eier zu schenken.

Da den Teilnehmern nur geringe ökonomische Mittel zur Verfügung standen, diente dieser vorösterliche Brauch als Moment der Gemeinschaft, aber auch der Eigenfinanzierung in einem Wirtschaftsmodell (typisch auf dem Land), in dem die Nähe der Menschen und die wechselseitige Hilfe lebensnotwendig waren.

Die Tradition des *Cantè j'euv* ist im Laufe der Jahrzehnte verloren gegangen und hat sich in den 1980er Jahren als Form der Wiederbelebung der Vergangenheit wieder eingebürgert. Im Rahmen der gleichnamigen Veranstaltung besingt man seitdem wieder die Eier. Jedes Jahr wird ein anderer Ort des Roero als Sitz der Veranstaltung ausgewählt (aber der Brauch ist eigentlich im gesamten Basso Piemonte verbreitet gewesen), sodass am Samstag vor Ostern die Gässchen vom Eierbetteln widerhallen und man vergisst, dass man im Zeitalter der Globalisierung lebt.

Öffnungszeiten *Cantè j'euv* wird am Samstag der Woche vor Ostern abgehalten, Informationen unter www.langheroero.it, Tel. 0173/35833 | **Tipp** Ein schöner Spaziergang scheint uns die beste Art, diesen Brauch zu genießen. Nutzen Sie daher den *Cantè j'euv* für einen Besuch der Städtchen und ihrer Umgebung im Roero.

89_Die Straßen der Partisanen

Erinnerungen und Zeugnisse zu Fuß und im Auto

In den 20 Monaten vom 8. September 1943 bis zum 25. April 1945 gehörten die piemontesischen Alpen und Hügel zu den wichtigsten Schauplätzen des Partisanenkampfes der Resistenza in Norditalien. Wer keine direkte Erinnerung an dieses schmerzhafte und gleichzeitig ruhmreiche Kapitel italienischer Geschichte besitzt (im Monferrato, den Langhe und Roero existiert eine Art Kollektivgedächtnis), für den gibt es zahlreiche Einrichtungen zur Wissensvermittlung und -vertiefung mit Aktivitäten sowie Touren und Rundwegen, die man am besten mit literarischer Begleitung von Autoren wie Beppe Fenoglio, Cesare Pavese, Davide Lajolo und Nuto Revelli absolviert.

Um den Roero abseits der bekanntesten Naturpfade (siehe Ort 108–110) mit anderen Augen wahrzunehmen, gibt es seit 2010 die Associazione Franco Casetta in Erinnerung an das Mitglied der Partisanenbrigade Canale, der 1944 fiel. Der Verein hat sich auf die Fahne geschrieben, die Werte der Resistenza zu verbreiten, und verdankt seine Existenz vor allem den Anregungen von Paolo Pasquero, der zu den letzten lebenden Protagonisten des Partisanenkampfes im Roero zählt und ebenfalls Mitglied der XXIII Brigata Canale war. Der ehrenamtliche Verein hat sein Archiv an Zeugnissen und Materialien katalogisiert und belebt jedes Jahr die Feierlichkeiten zum Tag des Kriegsendes in Italien (am 25. April) in Canale und der (siegreichen) Schlachten von Cisterna d'Asti sowie Santo Stefano Roero im März 1945.

Ausgehend von dieser Arbeit ist das Wegenetz »Strade delle memorie partigiane« entstanden, das im Gegensatz zu den schönen Büchern des Partisanenverbands Anpi in Alba und Colle della Resistenza, über eine Web-Präsenz und GPS-Daten mit Bildern, Karten und Audio- und Video-Zeugnissen verfügt.

Sie finden hier sowohl Wanderpfade mit verschiedenen Fußwegen als auch Autorouten in Erinnerung an Giacomo »Rino« Rossino, einem Partisan der XXI Brigata San Damiano.

Adresse im gesamten Territorium des Roero, www.stradememoriepartigiane.it und www.liberidiresistere.wordpress.com | **Tipp** Um das Thema zu vertiefen und weitere Resistenza-Wege in den Langhe, Roero und Monferrato aufzutun, besuchen Sie die Webseite des Instituts zur Geschichte der Resistenza und der heutigen Gesellschaft in der Provinz von Asti (www.israt.it) mit vielen Tipps und Materialien, die man herunterladen kann. Weitere wertvolle Anregungen gibt es auf der Webseite der Casa della Memoria, della Resistenza e della Deportazione di Vinchio (www.casamemoriavinchio.it).

90_Das Museum des Tennisschlägers

Tennis von 1875 bis zu den Champions des Grand Slam

Für zwei Tennisfans wie die Autoren dieses Büchleins ist die Entdeckung des Museums des Tennisschlägers in Baldissero d'Alba ein echtes Geschenk.

Der Tennisschläger ist einer dieser symbolträchtigen Gegenstände, dessen Bild sofort mit seinem Sport assoziiert wird. Mehr als in jedem anderen Sport kommt hier das Instrument vor der sportlichen Tätigkeit selbst. Für Fußball oder Volleyball benötigt man Füße und Hände, aber Tennis würde ohne Saite, Rahmen und Griff nicht existieren. Ursprünglich war das Spielgerät aus Holz, dann folgten Konstruktionen aus Stahl, Aluminium, Grafit und Karbon. Als Objekt ist der Tennisschläger faszinierend, man denkt an die ganz Großen wie Rod Laver, Björn Borg, John McEnroe, Jimmy Connors oder auch an Roger Federer, die Legende unserer Tage.

Das Museum beruht auf einer Idee von Paolo Bertolino, einem Saitenbespanner von Tennisschlägern. Am Anfang hatte er zum Spaß damit begonnen, legendäre Bilder großer Matches zu sammeln und Fotos aus der Open-Ära auszuwählen, also von Roland Garros 1968 bis heute. Er hat 29 Gewinner von Grand-Slam-Turnieren herausgepickt und neben den Großplakaten ihre gesamten Siegerlisten, gewonnene Titel, gespielte Finale und viele weitere Einzelheiten ausgestellt, sodass auch jüngere Besucher einen Eindruck von einer bestimmten Tennisära erhalten. Das Schönste daran: Neben den Bildern und Medaillenspiegeln thronen die Schläger, die jeder einzelne Spieler in seiner Karriere verwendet hat, insgesamt über 100 Stück, die von über 30 Champions geschwungen wurden, aber insgesamt sind es fast 1.000 von 1875 bis heute, wenn man die Schenkungen der vielen Tennisfreunde von anderen wichtigen Spielern noch dazuzählt. Mit ihrer Leidenschaft für Tennis und die Welt der Tennisschläger haben Bertolino und seine Mitstreiter einen einzigartigen Ort geschaffen, den Fans wie wir genossen haben.

Adresse Via Roma 37, 12040 Baldissero d'Alba (CN) | Anfahrt Autobahn A 6 Turin–Savona, Ausfahrt Carmagnola, dann weiter nach Baldissero d'Alba | Öffnungszeiten jeden So nach Reservierung von 10–12.30 und 14.30–18.30 Uhr, Infos unter www.museodellaracchetta.com | Tipp Die Tenuta del Roero (Ortsteil Baroli 107, Tel. 0172/40811) ist ein echtes Zentrum des Hanfs, mit dem Mehl, Samenkörnern und Nahrungszusätze produziert werden. Die Gebrüder Ruata, die Müller und Eigentümer der Marke Goccia d'Oro sind (www.gocciadoro.it), produzieren kaltgepresstes Hanföl im Geschmack ähnlich der Haselnuss für Suppen und Salate.

91 Augusta Bagiennorum

Ein Amphitheater in den Feldern

Eines ist sicher: Italien ist ein Touristenmagnet. Für ein Land der unzählbaren Herrlichkeiten könnten es eigentlich sogar mehr sein, aber andererseits möchten wir Ihnen in diesem Büchlein ja auch einige Geheimtipps für eine Region an die Hand geben, die mehr ist als Wein, Essen und Hügel und sicher keinen Massentourismus verträgt.

Natürlich werden Italienreisende mehr von den archäologischen Monumenten Roms, Pompejis und Siziliens angezogen und würden wohl kaum das Piemont für seine antiken Schätze aufsuchen. Aber hier, mitten im Roero, wo man es am wenigsten erwartet, steht Augusta Bagiennorum.

So richtig imposant ist die archäologische Stätte nicht: Es gibt kein Kolosseum (und auch kein römisches Aquädukt wie in Acqui Terme). Aber die etwas abseitige Lage inmitten von Maisfeldern, der feine Nebel, der aus dem Ackerboden und den römischen Mauerresten steigt, ist romantisch und lässt das Entdeckerherz des Besuchers schlagen. Wer hier sagt »Ist doch nur ein Steinhaufen«, dem muss man ein entschlossenes »Du verstehst ja gar nichts« entgegensetzen.

Die Stadt Augusta Bagiennorum (also der Bagienni-Ligurer), im ersten Jahrhundert von den Römern gegründet, wurde von Plinius dem Älteren beschrieben und zwischen der Jahrhundertwende bis 1925 von den Archäologen Giuseppe Assandria und Giovanni Vacchetta ausgegraben und erforscht. Im Laufe der Jahre haben die Arbeiten Tempel, Forum, Basilika und Amphitheater, städtische Gebäude und Straßen zutage gefördert. Eine neue Grabungskampagne hat gerade begonnen. Von der antiken Siedlung sind etwa fünf Hektar umzäunt und über Holzstege mit Tafeln und einigen grafischen Rekonstruktionen sowie zweisprachigen Texten zu besichtigen, die Straßen, Türme und Tore auch dort anschaulich illustrieren, wo gar keine Reste mehr sichtbar sind. Natürlich ergibt das Ganze kein Pompeji, sondern ist eine kleine und malerische Stätte, die uns ein Stück unerwarteter Geschichte erzählt. Und dazu der Name, so beschwörend wie klangvoll: Augusta Bagiennorum. Hat uns immer gefallen.

Adresse Frazione Roncaglia, 12041 Bene Vagienna (CN) | **Anfahrt** von der A 6 Turin–Savona bei Fossano abfahren und weiter Richtung Bene Vagienna. Die archäologische Stätte inmitten der Felder ist zwar nicht leicht zu finden, immerhin aber ausgeschildert. | **Öffnungszeiten** immer geöffnet | **Tipp** Verpassen Sie nicht das Archäologische Museum von Bene Vagienna (Frazione Polio 69, Tel. 0172/654152, www.archea.info), das seit Anfang des 20. Jahrhunderts im Palazzo Lucerna di Rorà residiert und einige der Funde aus der römischen Stadt zeigt.

92 Die Akademie der Namenlosen

Der Name der Schutzherrin genügte

Der namhafteste Namenlose ist sicher der aus dem italienischen Nationalroman »Die Verlobten« (»I Promessi Sposi«). Er ist vermutlich die komplexeste Figur in Manzonis Erzählwerk und tief in unserem Gedächtnis haften geblieben, da er über seine Figur hinausgegangen und Archetyp geworden ist. Aber es gibt noch andere interessante Namenlose in der (italienischen) Geschichte. Bei der Vorbereitung dieses Bandes haben wir nichts weniger als eine Akademie der Namenlosen zu Tage gefördert, deren *Primo Principe* der Gründer Pier Ignazio della Torre selbst ist, gefolgt von Giovanni Battista Bonino. Es handelt sich nicht einfach um einen Klub, sondern um eine echte »Akademie«.

Die Accademia degli Innominati wird 1702 in Bra als Vereinigung von Schrifstellern, Dichtern und Literaten gegründet; sie beschließen, keinen Namen anzunehmen, weil ihre Schutzherrin, Madama Reale Maria Giovanna Battista di Savoia-Nemours, ihrer Ansicht nach bereits einen schon ausreichend illustren führte. Wie edel. Wer Teil der Akademie wurde, verzichtete also künftig auf seinen Namen und nahm einen Beinamen an, mit der er seine Werke von nun an zeichnete (Der Zerissene, der Abstrakte, der Unmögliche, der Unterworfene und der Geniale waren einige der spektakulärsten). Zusammen kamen sie genau hier in Bra. Leider, wie es häufig geschieht, begann der Verein zu zerbröckeln und 1777 löste sich die Gruppe auf.

Heute kann man im Museo Civico im ersten Stock des Palazzo Traversa fünf eigenwillige Abwandlungen des Wappens der Schutzherrin bewundern, die den Mitgliedern dieser »Akademie« mit einer phantasievollen Darstellung gewidmet sind und ein bedeutendes Zeugnis der Stadtgeschichte abgeben. Der ursprüngliche Nukleus des Palazzo Traversa entstammt dem 15. Jahrhundert, erlebte zwei Umbauten im 18. und 19. Jahrhundert, als der damalige Eigentümer einen zinnenbewehrten Turm hinzufügte. Seit 1991 beherbergt er das Museum für Archäologie, Geschichte und Kunst der Stadt.

Adresse Via Parpera 4, 12042 Bra (CN), Tel. 0172/423880, www.palazzotraversa.it | **Anfahrt** die E 717 bis Marene/Cherasco fahren, dann die A 33 zwischen Asti und Alba bei Ausfahrt Bra–Marene verlassen und zum Ortszentrum fahren | **Öffnungszeiten** Feb.–Nov. Di–Do, So 15–18 Uhr, Dez. und Jan. Di–Do 15–18 Uhr, an Festtagen geschlossen, außer: Ostermontag, 25. April, 1. Mai, 15. Aug., Infos unter www.palazzotraversa.it | **Tipp** Suchen Sie nach einem lockeren, dabei stimmungsvollen Ambiente für Mittag- oder Abendessen? Dann besuchen Sie Alfieri (Piazza XX Settembre 10–11, Tel. 0172/055419, www.lalfieri.it), täglich geöffnet von 12.30 bis 24 Uhr, außer mittwochs. Besonders angetan hat es uns die Konditorei.

93_Bar Pasticceria Converso

Süße Freuden in Bra

Wer im Piemont reist, berichtet stets: »Cafés wie hier findest du anderswo nicht. Das ist eine echte Kultur bei denen.« Die Bar Pasticceria Converso von Bra steht den historischen Kaffeehäusern von Turin (berühmt in der ganzen Welt) in nichts nach und ist historischer Treffpunkt dieser reizenden Kleinstadt, in der man wie in allen Orten des Roero, Monferrato und Langhe mehr Fremdsprachen hört als in den großen Metropolen oder den Badeorten der Halbinsel. Bra ist ein Ort der Weltgemeinde, und die Gründe dafür sind vielfältig: Nicht zuletzt wurde hier 1986 Slow Food begründet und die gastronomische Universität del Gusto di Pollenzo liegt in der Nähe. In diesem Café kommen sie alle zusammen: Signore aus Bra, die am Morgen ihren Kaffeeplausch abhalten, Arbeiter aus dem Zentrum, die auf einen kurzen Café am Tresen vorbeikommen, und die herbeiströmenden naschhaften Touristen aus allen vier Himmelsrichtungen.

Seit 1838, als Giuseppe Converso in den Räumlichkeiten der Via Vittorio Emanuele (welche piemontesische Stadt besitzt wohl nicht mindestens eine so benannte Straße?) eine Lizenz für ein Süßwarengeschäft beantragte, gibt es das Converso und seine schöne historische Einrichtung (die Holzstühle haben es uns besonders angetan). Felice, Enkel des Gründers, eröffnete hier später einen Likörausschank, Konditorei und Café, dessen Namen Converso zum festen Teil des Brarer Lebensgefühls wurde.

In den 1990er Jahren erfuhr das Etablissement durch die neue Eigentümerfamilie Boglione eine behutsame Restaurierung, die das Interieur aus Kirschholz (mit den so geliebten Stühlen …) bewahrte. Heute kann man in der Bar Pasticceria Converso weiterhin die köstlichen Spezialitäten wie Enzian- und Minzbonbons, die Konditorleckereien, die Pralineria, die Braidesi mit Schokolade und Rum und vor allem die Panettoni al moscato, nicht mit kandierten Früchten, sondern mit in Muskateller eingelegten Trauben genießen. Haben wir etwas vergessen? Wenn ja, probieren Sie es auch aus!

Adresse Via Vittorio Emanuele II 199, 12042 Bra (CN) | Anfahrt von der A 6 Turin–Savona bei Marene abfahren, weiter auf der A 33 in Richtung Bra, das Fahrzeug an den ausgeschilderten Parkplätzen abstellen | Öffnungszeiten Di–Fr 7–21 Uhr, Sa, So 7–13 und 15–21 Uhr, Infos unter www.converso.it | Tipp Gut shoppen kann man in Bra, und zwar im Urban (Piazza Caduti per la Libertà 29, Tel. 0172/430922), dem ersten und einzigen Concept Store von Bra mit einem Angebot, das von Mode, Haushaltsartikeln bis hin zu Büchern reicht.

94 La Zizzola

Das ackteckige Unikum

Die Zizzola ist in jeder Hinsicht das Symbol von Bra (nun ja, zusammen mit der heimischen Wurst, siehe Ort 95). In einem Park auf dem Hügel des Monte Guglielmo gelegen (dem höchsten der Stadt, wo sich bis ins 16. Jahrhundert die Burg befand), ist es ein zwischen 1844 und 1846 angelegtes, achteckiges Gebäude, dessen zwei Stockwerke von einem Türmchen gekrönt werden. Neben der Bauform ist auch seine Entstehungsgeschichte faszinierend, über die wir nahezu nichts wissen. Höchstwahrscheinlich wurde die Zizzola im Auftrag von Tommaso Bruno gebaut, einem reichen Seidenhändler, der in der Stadt unter anderem auch einen Hochofen für die beim Bau verwendeten Backsteine besaß. Bruno wollte das einzigartige oktogonale Gebäude für seine Gemahlin anlegen, die auf großem Fuße lebte. Später fiel es aber in Ungnade bei ihr und wurde schließlich an den Rechtsanwalt Carlo Maffei, später an Giulio Traversa verkauft.

1875 stand über die Zizzola zu lesen: »...im Eigentum von RA Maffei, elegante und graziöse Rotunde über der Stadt. Nach der Legende sollen hinter der Villa auf einer noch bestehenden Lichtung Hexen einmal den Sabbat gefeiert haben.« 1962 vermachte ein gewisser Guido Fasola das Gebäude der Stadt, dessen Familie es seit 1915 besaß. Die Schenkung hatte nur einen Haken: Die Zizzola sollte als Allgemeingut genutzt werden, also als Ort für Tagungen oder als Museum und der Garten zum öffentlichen Park werden.

Seit 2009 erstrahlt die Zizzola wieder in ihrem alten Glanz, ist sie doch zur Casa dei Braidesi, dem Haus der Menschen von Bra und damit zur Hüterin der städtischen Erinnerung geworden. Eine der kuriosesten Beschreibungen der Zizzola liefert uns der Schriftsteller Giovanni Arpino in »Regina di cuori«: »Früher betätigten sich viele Menschen aus Bra mit dem Schmuggel von Fleisch, das sie nachts aus den Wäldern und den Ufern von Pocapaglia nach Bra schafften, schwer bepackt mit Kalbskeulen, Schweinen und geviertelten Ochsen, während die Zollbeamten sie auf der Anhöhe der Stadt im Schutz des Plateaus der Zizzola erwarteten, wie die Hexen und die Masken.«

Adresse Casa dei Braidesi, Strada Fey 1, 12042 Bra (CN) | **Anfahrt** von der A 6 Turin–Savona bei Marene abfahren und weiter auf der A 33 in Richtung Bra | **Öffnungszeiten** Das Museum Zizzola, Casa dei Braidesi, ist von Mai–Okt. Sa, So 11–19 Uhr geöffnet (Tel. 0172/430185). | **Tipp** Kehren Sie in der Osteria Murivecchi (Via G. Piumati 19, Tel. 0172/431008, www.murivecchi.it) für ein ausgezeichnetes Mahl mit typischen Zutaten der Gegend ein. Eigentümer sind die Cantine Ascheri Giacomo (www.ascherivini.it), ein berühmter Winzerkeller der Gegend. Über der Kellerei thront heute das Ascheri Hotel (Via Piumati 25, Tel. 0172/418776; www.ascherihotel.it).

95_Die salsiccia von Bra

Einfach nur: Mmmmmmmhhh

Sie ist mehr als eine Wurst, mehr als eine heimische Tradition und kulinarisches Spitzenerzeugnis, ja sogar mehr als eine Delikatesse: Für uns ist sie eine echte Verzückung der Sinne. Die *salciccia* (wie sie im hiesigen Dialekt beinahe lautmalerisch heißt) von Bra ähnelt auf den ersten Blick einer ganz normalen *salsiccia* (ihre übliche Bezeichnung in ganz Italien), die man von Kindheit an genossen hat. Aber sie hat eine Besonderheit: Sie ist die beste, die jeder von uns jemals gegessen hat.

Die *salciccia* von Bra ist ein typisches Erzeugnis der Stadt, die nach einhelliger Expertenmeinung zu den hochwertigsten der ganzen Welt zählt.

Sie wird aus feingehacktem magerem Rindfleisch und Schweinespeck hergestellt und besitzt eine kuriose Geschichte: Früher wurde sie nämlich stets mit Rindfleisch zubereitet, denn im nahe gelegenen Ort Cherasco gab es eine große jüdische Gemeinde, die ihre Erzeugnisse für den grundlegenden Bedarf auf dem Markt von Bra erwarb und Würste ohne Schweinefleisch wünschte. Anscheinend wurde den hiesigen Fleischern per Königlichen Erlass im Gefolge des Albertinischen Statuts (1848) die Herstellung von frischer Wurst ausschließlich für Rindfleisch amtlich bestätigt, während deren Fertigung im übrigen Territorium verboten wurde.

Man denke aber nicht, dass man diese köstliche Wurst mittlerweile nur in Bra findet, denn ihr Ruhm erstreckt sich heute weit über ihren Ursprungsort hinaus. Man kann sie gebraten oder roh verspeisen (unbedingt Letztere probieren), wobei die Wurst gepresst wird, bis das Fleisch im Inneren hervortritt. Ein ekstatisches Erlebnis, das süchtig macht.

Hier in Bra wird die *salciccia* als Vorspeise angeboten, aber für die Autoren dieses Bandes ist jede Ausrede gut, um sie zu genießen: Zur Frühstückspause, um die Geister zu wecken? Um den ungewissen Hunger am Nachmittag zu stillen? Warum nicht? Rechtfertigungen und Gelegenheiten gibt es genug …

Adresse Consorzio Tutela della Salsiccia di Bra, Piazza Giolitti 8, 12042 Bra (CN), www.salsicciadibra.it | Anfahrt von der A 6 Turin–Savona bei Marene abfahren, weiter auf der A 33 in Richtung Bra, das Fahrzeug auf den ausgeschilderten Parkplätzen abstellen | Tipp Die über tausend Exponate im Spielzeugmuseum (Museo del Giocattolo) sind nicht nur industriellen, sondern auch privaten Ursprungs und gehören zur Sammlung von Michele Chiesa, einem Antiquar, der sie der Stadt Bra gestiftet hat (Via Ernesto Gala 45, So 10–12.30 und 15–18.30 Uhr, Mo–Fr nach Reservierung, Tel. 0172/413049, www.museodelgiocattolobra.it).

96_Santa Chiara

Die Lichtfluchten des piemontesischen Barocks

Guarini und Juvarra haben einige der Meisterwerke des piemontesischen Barocks gebaut und zum Glanz der Hauptstadt Turin sowie der systematisch angelegten Residenzen der Savoyer (UNESCO-Kulturerbe) beigetragen, von Venaria und Stupinigi bis Govone (siehe Ort 105). Daneben sorgten so bedeutende Architekten wie Alfieri, Plantery und andere für den Bau öffentlicher und privater Gebäude, die heute noch die Zentren größerer und kleinerer Städte der piemontesischen Provinz zieren. Das schöne Städtchen Bra gehört zu den Zentren des regionalen Barocks und weist viele üppig verzierte Kirchen (etwa Sant'Andrea, die 1682 nach Entwurf von Bernin unter Leitung von Guarini entstand) und Palazzi von bedeutendem architektonischen Interesse auf, darunter Palazzo Garrone, Palazzo Mathis und das Rathaus mit seiner prächtigen Fassade. Santa Chiara, ab 1742 erbaut, ist dagegen eines der Meisterwerke von Bernardo Antonio Vittone, einem der ganz großen Namen des Spätbarocks.

Als Meister der Bewegung von Flächen und Licht, realisierte Vittone hier ein sehr komplexes, faszinierendes Gebäude. Das zweigeteilte Äußere (die Unterseite mit ihren freiliegenden Backsteinmauern eher schlicht, die obere mit verputzter Kuppel freier und bewegter) verleiht dem ursprünglichen Kirchenbau Schwung und Raum und lässt den kühnen Innenraum hervortreten, ein wahres Wunderwerk des piemontesischen Rokokos. Der stark zentralisierte Vierpass-Grundriss läuft in eine durchbrochene Doppelkuppel, die Vittone selbst »lichtdurchlässig« nannte, und in die darüberliegende kleine Kuppel aus.

Die so erzeugten mystischen Lichtspiele in der Kirche werden von den edlen und weichen Formen, den zarten Pastellfarben des architektonischen Schmucks sowie vom Stuck und den Fresken ergänzt, die zum Teil vom Brarer Künstler Pietro Paolo Operti stammen.

Die großen Gemälde aus den 1950er Jahren an den Seitenaltären sind das Werk von Piero Dalle Ceste, der für seine Fresken in der Turiner Kirche Maria Ausiliatrice bekannt ist, dem ersten und wichtigsten Heiligtum der Salesianer.

Adresse Via Barbacana 50, 12042 Bra (CN) | **Anfahrt** von der A 6 Turin–Savona bei Marene abfahren und weiter auf der A 33 in Richtung Bra, das Fahrzeug an den bezeichneten Parkplätzen abstellen | **Öffnungszeiten** täglich 9–17 Uhr; dank ihrer hervorragenden Akustik finden regelmäßig Musikabende in der Kirche statt, www.turismoinbra.it | **Tipp** Die Innenhöfe der Altstadt gehören zu den faszinierendsten Seiten von Bra. Im September kann man im Rahmen der Initiative »Da cortile a cortile« (Von Hof zu Hof) hunderte von ihnen zu kulinarischen, musikalischen und Kunstveranstaltungen besichtigen. Ein Aperitif im Antico Caffè Boglione (Via Cavour 12), dem Lieblingscafé des Schriftstellers Giovanni Arpino (»Der Duft der Frauen«), ist dabei obligatorisch.

97_Banca del Vino

Ein unschätzbares Kulturgut

Pollenzo kann sich einer der interessantesten Stätten für die Geschichte des Weines rühmen. Welcher Ort wäre wohl besser als dieser geeignet, um die Geschichte des Weinanbaus in Italien zu illustrieren?

Die Banca del Vinco (wörtlich: Weinbank) wurde 2001 mit dem Ziel ins Leben gerufen, als historisches Gedächtnis des italienischen Weines zu fungieren.

Sie ist als Museum aufgebaut und lädt Einzelbesucher und Gruppen zu Verkostungen, Kursen, Ausflügen und Veranstaltungen ein, die der Welt des Weines gewidmet sind.

Seit ihrer Gründung arbeitet sie mit der renommierten Università degli Studi di Scienze Gastronomiche zusammen (ebenfalls seit 2004 mit Unterstützung des internationalen Vereins Slow Food und der Regionen Piemont und Emilia-Romagna) und ist ein wahrer Tresor der Weingeschichte. In ihren Kellern schlummern über hunderttausend Flaschen der besten Winzer Italiens, die dankenswerterweise zum Teil verkostet und erworben werden können.

Die Weinbank gliedert sich in drei Bereiche: In den Weinkeller, das Museum mit den historischen Jahrgängen der wichtigsten Weinsorten der Halbinsel, sowie in eine Weinhandlung. Letztere vertreibt die edlen Tropfen der Winzer, die an diesem Projekt teilnehmen und von Slow Wine ausgewählt werden. Mit einem Besuch in den historischen Kellereien der Banca del Vino lernt man einen hochwertigen Querschnitt der italienischen Weinlandschaft kennen: 300 Winzer sind mit ihren Produkten vertreten, darunter viele, die man vor Ort probieren kann.

Bemerkenswert ist auch der Ort: Die Banca del Vino residiert in einem Gebäude aus der Zeit des Savoyer-Königs Carlo Alberto, das 1997 gemeinsam mit dem Savoyer-Residenzen von Turin und dem Piemont in die Liste des UNESCO-Kulturerbes aufgenommen wurde. Auch ein Hotel im neogotischen Flügel des Komplexes aus der Mitte des 19. Jahrhunderts gibt es.

Adresse Piazza Vittorio Emanuele II 13, 12042 Pollenzo, Bra (CN) | **Anfahrt** von der A 6 Turin – Savona bei Marene abfahren, weiter auf der A 33 in Richtung Bra, dann weiter nach Pollenzo, Parkplätze vor dem Eingang | **Öffnungszeiten** Di – Sa 10 – 19 Uhr, So 10 – 13 Uhr, Sept. – Nov. auch sonntagnachmittags, Tel. 0172/458418, www.bancadelvino.it | **Tipp** Ein Besuch des gesamten Borgo von Pollenzo, heute Sitz der Università di Scienze Gastronomiche (www.unisg.it), lohnt sich sehr. Ein faszinierender Ort, an dem Sie alle Sprachen der Welt hören und auf einem Rundgang durch das weitläufige Besitztum Burg, Banca und Kirche bewundern können, mit deren Bau Carlo Alberto ab 1838 die Hofarchitekten Pelagio Palagi, Carlo Sada und Ernest Melano beauftragte.

98 Das Biotop

Kröten, Teiche und Prinzen

Während man in der deutschsprachigen Welt Kröten höchstens schlucken muss, tauchen sie in Italien im »Froschkönig« als Ersatz für unseren Frosch auf, der im Italienischen weiblich ist. Aber auch hier haben Tausende junger Frauen sich verlobt und ihre Männer geküsst, in der Hoffnung, dass diese wenigstens schön, wenn schon keine Prinzen werden. Selten wurde ihr Wunsch erfüllt. In vielen Fällen haben sich die Frauen jedoch in die fraglichen Kröten verliebt und sie zeit ihres Lebens als Prinzen wahrgenommen (häufig schenken Kröten doch mehr Zufriedenheit als Prinzen). Fügen wir noch hinzu, dass viele von uns je nach Lebenslage mindestens einmal Prinz und Kröte gewesen sind und dass Prinzen, die gleichzeitig schön, intelligent, sensibel, uneigennützig und gebildet sind, einigermaßen selten sind (mit Ausnahme von Prinz Harry und Haakon, dem Thronfolger Norwegens). Dass die Geschichte wissenschaftlicher Grundlagen entbehrt, sieht man schon alleine daran, dass unseres Wissens nach noch aus keiner geküssten Kröte ein Adonis wie auf einem *GQ*-Cover geworden ist. Schließlich wurde die Kröte (beziehungsweise der Frosch) im Grimm'schen Märchen gar nicht geküsst, sondern gegen eine Wand geworfen (die Grimms hatten immer schon eine Vorliebe für den *splatter*; die Kuss-Version sollte verhindern, dass Legionen von Kindern vor dem Gutenachtkuss in Tränen ausbrachen).

Aber kehren wir ins Roero zurück, denn genau am Wanderweg Sentiero del Castagno (siehe Ort 109) liegt ein Biotop (laut Wikipedia ein »bestimmter Lebensraum einer Lebensgemeinschaft (Biozönose) in einem Gebiet«) mit einem künstlichen Teich, der Rastort für viele Vögel- und Amphibienarten geworden ist. Bei den Amphibien handelt es sich um die fraglichen Kröten (die man auf Piemontesisch »babi« nennt), die in der Paarungszeit (im März) hier ihre Eier ablegen. Wenn in Ihnen die Prinzessin der Märchen schlummert, dann machen Sie mal einen Abstecher und werden wieder zum Kind. Küssen sollten Sie sie aber nicht, die Kröten können es nicht mehr ertragen und kommen unter sich besser zurecht.

Adresse am Ende der SP 168 auf dem Wanderweg Sentiero del Castagno in den Rocche di Canale, der sich absteigend zwischen Kastanienbäumen und Eichen windet, gelangen Sie in die Feuchtzone des Biotops | **Anfahrt** E 717 bis nach Carmagnola, dann der SR29 bis Monte folgen, die Schilder zum Sentiero del Castagno suchen und bis zum Biotop laufen | **Öffnungszeiten** immer geöffnet, Tel. 0173/976181, www.ecomuseodellerocche.it | **Tipp** Kurz nach Montà können Sie sich ein Geschenk machen im Restaurant All'Enoteca di Canale (Via Roma 57, Tel. 0173/95857, www.davidepalluda.it). Ein unvergessliches kulinarisches Erlebnis erwartet Sie. Obwohl Sternerestaurant, ist der Ort sehr angenehm (gilt auch fürs Personal).

99__Gerösteter Kräuterschinken

Eine Spezialität aus dem Roero

Der Roero ist eine Region für sich mit einer langen Geschichte und einer starken Identität. Hier ist alles ein wenig anders. Es gibt keine gepflegten Hügel und edlen Weine (gibt es zwar auch), keine Sternerestaurants aus internationalen Hochglanzzeitschriften (ja gut, auch die gibt es). Der Roero ist also keinesfalls wie die Langhe. Er hat (noch) keinen bekannten Klang, ist noch nicht Mode geworden. Hier gibt es abgründige Schluchten (siehe Ort 105), dichte Wälder und kleine Dörfer. Und natürlich viele Obstgärten, in denen man mindestens zwei hervorragende Erzeugnisse kultiviert, die selbst nicht alle Piemonteser kennen: der Pfirsich aus Canale und die Madernassa-Birne, die dem gleichnamigen kleinen Ort zwischen Guarene und Vezza d'Alba entstammt und grundlegende Zutat für eine der typischen Süßspeisen der Tradition ist: in Würzwein gedünstete Birnen.

Eine Spezialität des Roero, und die von Canale im Besonderen, ist der geröstete Kräuterschinken. Wie bei jeder zünftigen Delikatesse dreht sich hier alles um die Zutaten: Natürlich wird nur piemontesisches Schweinefleisch, Wein Roero Arneis DOCG der umliegenden Hügel, frischer Rosmarin und, wie man so schön sagt, viel Leidenschaft (und genauso viel Geschick) aufgewendet. Dank einer ausschließlich manuellen Verarbeitung (*ça va sans dire*) wird die Keule (abgeschwartet, entbeint und behandelt) in einem Bad mit aromatisiertem Wein eingelegt und dann lange im Ofen gegart. Mit dem fertigen Schinken schließlich lässt sich nur noch eines machen: aufessen.

Diese Zubereitung und viele andere waren eifersüchtig gehüteter Schatz verschiedener Schweinemetzger, vor allem aber der Salumeria Faccenda in der genauso historischen Via Roma. Aber was man vermeiden möchte, während man ein solches Buch schreibt, ist tatsächlich eingetreten: Das Objekt unserer Begierde hat dicht gemacht. Mist. Bis die Salumeria wieder eröffnet, müssen Sie also Ihren gerösteten Schinken bei den Metzgern im Ort beziehen.

Adresse in allen Metzgereien von Canale, 12040 Canale (CN) | Anfahrt die E 717 bis Marene, dann die A 33 bis zur Ausfahrt Cherasco fahren, weiter auf der SP 231 in Richtung Alba, dann links auf die SR 29 zum Zentrum von Canale, bequeme Parkmöglichkeiten | Tipp Wie wir schon sagten, es gibt viele Hersteller von geröstetem Kräuterschinken wie auch von anderen lokalen Spezialitäten, zum Beispiel Salame Cotto: Versuchen Sie es zum Beispiel in der Macelleria Damonte (Piazza Trento e Trieste 75, Tel. 0173/1996866), Macelleria Salumeria Cordero (Piazza San Bernardino 51, Tel. 0173/979171) und Macelleria Riccardo (Via Roma 62, Tel. 0173/979152). Auch ein Besuch der Enoteca Regionale del Roero (Via Roma 57, Tel. 0173/978228, www.enotecadelroero.it) ist zu empfehlen.

100 Die Gräfin von Canale

Die perfekte Paarung aus Genuss und Design

Auch wenn dies eine stark boomende Region ist, die in Italien und im Ausland bewundert wird, befinden wir uns doch immer noch im Piemont. Und eben hier siedelte der Turiner Schriftsteller Guido Gozzano sein Meisterwerk an Selbstironie und psychologischer Innenschau an, die Dichtung »Le Golose« (»Die Naschmäuler«): »Ich bin verliebt in alle Damen / die sich an Gebäck in Confiserien laben / […] Inmitt' der spitzen Düft, / aus Zedern und Sirupgesüff / aus Cremes und Samt / Pariser Essenzen / aus Veilchen und Frisuren. / Oh wie kindlich sie hier werden / könnt ich sie doch mit Küssen ehren / auf dass ich den Geschmack von Creme und Konfitüre / fortan auf meinem Munde führe?«

In einem auf die Bewahrung seiner Traditionen so stolzen Landstrich, der den Weg der Innovation und der Eigenvermarktung (ziemlich erfolgreich) beschritten hat, wird auch das Gebäck der Großmutter zum gewinnbringenden Modell. Dies ist der Fall der »La Duchesse« (à la française), eines raffinierten Feingebäcks, das der verdienstvolle Giuseppe Gallarato von der Côte d'Azur direkt nach Canale in die Schaufenster der Pasticceria Sacchero unterhalb der Bogengänge der zentralen Via Roma gebracht hat.

Wir befinden uns mitten im Fin de Siècle, und das nahe Turin rüstet sich für die Weltkunstgewerbeausstellung »Esposizione Internazionale d'Arte Decorativa Moderna« 1902, die den Jugendstil in ganz Italien bekannt machte.

1920 wurde das Rezept durch Carlo Quadro verändert, der es an die lokalen Rohstoffe anpasste und die Konservierung über das ganze Jahr ermöglichte. So wurde »La Duchesse« zum Symbol für Canale. Wir werden Ihnen natürlich nicht die Geheimnisse und die komplexen Zutaten schildern, um die zwei weichen »Schalen« aus Haselnüssen der Sorte »tonda gentile« herzustellen. Wir empfehlen Ihnen nur, die edle Verpackung mit doppelter Einlage und die erlesene Schönheit ihrer Grafik zu genießen, heute so schön wie damals. Ach, und vergessen Sie das Gebäck darin nicht …

Adresse Pasticceria Sacchero, Via Roma 39, 12040 Canale (CN) | **Anfahrt** E 717 bis Marene, dann die A 33 bis zur Ausfahrt nach Cherasco, weiter auf der SP 231 in Richtung Alba, dann links auf die SR 29 zum Zentrum von Canale, bequeme Parkmöglichkeiten | **Öffnungszeiten** Di–Sa 8.30–12.30 und 15.30–19.30 Uhr, So 8.30–12.30 Uhr, Mo geschlossen, Tel. 0173/95617 | **Tipp** Zu den vielen Spezialitäten der Pasticceria Sacchero zählen: Das »pan soffice«, ein sommerlicher Panettone mit halbkandierten Pfirsichen und Milchschokolade; der »Fior di Pesco«, ein Pfirsichkuchen mit Schokolade und Himbeermarmelade; die »ciapule di pesche«, weiche Amaretti mit Pfirsichstücken. Pfirsiche sind seit Anfang des 20. Jahrhunderts eines der landwirtschaftlichen Haupterzeugnisse von Canale, dessen Fest zwischen Juli und August gefeiert wird.

101 Zünfte und Handwerk von anno dazumal

Eine Burg, die viel mehr als ein ethnologisches Museum ist

Das Museo Arti e Mestieri di un Tempo ist ein vorbildliches Museum: Es strotzt nur so vor Ausstellungsstücken und Aktivitäten, es lehrt und fesselt seine Besucher in interessanten Rundgängen und wird von der Gemeinde sehr geschätzt. Es ist Frucht der fast 40-jährigen Arbeit Freiwilliger von Pro Loco und des Vereins Museo Arti e Mestieri di un Tempo Onlus, die mit Personen und lokalen Einrichtungen zusammengearbeitet und »Klinken geputzt« haben. Die ehrenamtliche Tätigkeit bestimmte das Wesen des ursprünglichen Projekts und prägt nun auch das Museum, mit allem, was dies an Schwierigkeiten (vor allem finanzieller Art) impliziert, vor allem aber mit Leidenschaft und Hingabe. Man spürt es: Dies ist ein Museum von der Gemeinschaft für die Gemeinschaft.

Seit 1980 ist es in der Burg mit großartiger Aussicht untergebracht, die damals heruntergekommen war und nach und nach wiederhergestellt wurde. In den Jahren ist das Museum angewachsen, um heute das vermutlich größte ethnologische Museum des Piemonts zu sein. Auf den drei Stockwerken des Burgbaus werden 23 Kammern von Nachbildungen der 25 Handwerksbetriebe ausgefüllt, die von den ehrenamtlichen Museumsführern »erzählt« werden und alle Objekte der bäuerlichen Welt enthalten, die natürlich von denselben Freiwilligen meist durch Spenden gesammelt, restauriert und mit dem Ziel ausgestellt wurden, nicht nur die Erinnerung an diese zu bewahren, sondern ihnen wieder eine historische wie praktische Rolle im aktuellen sozialen und produktiven Leben zu verleihen.

Neben den alten Handwerksberufen – wie Matratzenmacher, Scherenschleifer und Flickschuster – sind die ehemals typischen Läden der Dörfer dieser Breiten zu bewundern: die »torroneria«, die Buchdruckerei, Osteria und der Tabakladen (in dem man früher auch Schulhefte und vor allem Süßigkeiten fand).

Adresse Museo Arti e Mestieri di un Tempo, Piazza Maggiore Hope 1, 14010 Cisterna d'Asti (AT) | Anfahrt von der A 21 Turin – Piacenza bei Villanova d'Asti abfahren, dann auf die SP 19 nach Valfenera und nach Ferrere auf die SP 10 zum Zentrum von Cisterna d'Asti | Öffnungszeiten Di – So 15 – 19 Uhr (zwischen Dez. und Feb. So geschlossen), www.museoartiemestieri.wordpress.com, Tel. 0141/979021 | Tipp Im nahen San Damiano d'Asti gibt es Eataly in Campagna (Frazione Lavezzole 5, Tel. 0141/1745121), einer der wenigen Eataly-Filialen außerhalb der großen Zentren.

102 Die Schleie aus der »tampa«

Die Königin der Küche

Der Fisch Schleie heißt auf Italienisch »tinca«, was diesen graziösen Wasserbewohner mit seiner leicht goldenen Farbe besser als im Deutschen beschreibt. Piemontesen dagegen denken unverzüglich an kleine Seen und künstliche Teiche, die seit dem 13. Jahrhundert ihren Landstrich prägen und den Bauernfamilien zur Ernährung dienten. Die »tampe« (so heißen die Teiche auf piemontesisch) fungierten nämlich sowohl als Tränken für die Tiere als auch als Behälter für die Bewässerung und nicht zuletzt als Lebensraum der Fische, die den Speiseplan auf dem Land mitbestimmten.

Die Schleie gehört zu diesen Speisefischen, sie ist typisch für diese Gegend, und wird vor allem in den heißesten Monaten geangelt (verpassen Sie das Dorffest im September nicht). Aber stellen Sie sich die Schleie nicht als einen der Süßwasserfische vor, die gerade in Mode sind, denn so ist es nicht: Die Produktion scheint auf gerade einmal 60 Zentner im Jahr zu kommen, gegenüber den 50.000 Tonnen Forelle oder den 1.800 Tonnen Wels. Diese Zahlen sprechen klare Worte, zusätzlich gehört der Fisch zum Presidio Slow Food und ist integraler Bestandteil der Küche des Roero.

Wie isst man sie? Als kalte Speise in der typischen piemontesischen »Carpione« gebraten, einer Marinade aus Zwiebeln, Essig, Weißwein und Kräutern. Alternativ dazu paniert und im siedenden Öl frittiert. Die Schleie gehört von Anbeginn aller Zeiten zur hiesigen Küche und war für die Familien, die spartanisch leben mussten, immer ein Höhepunkt. Ihre kulturelle Bedeutung für dieses Territorium geht so weit, dass vor etwa hundert Jahren sogar ein Weltkongress ihr zu Ehren abgehalten wurde, auf dem sie zum internationalen Phänomen ausgerufen wurde, was ihrer angestammten Heimat mehr Aufmerksamkeit verschafft und die Fischteiche in der Gegend vermehrt hat. Der König der Schleien von Ceresole d'Alba ist Giacomo Mosso, der mit seiner Cascina Italia die größte Aufzucht im Lande besitzt.

Adresse Cascina Italia di Giacomo Mosso, Via Pautasso 75, 12040 Ceresole d'Alba (CN) | **Anfahrt** die E 717 bis nach Carmagnola fahren, dann auf die SP 134 und weiter der SP 135 folgen, schließlich in die SP 290 bis Ceresole d'Alba einbiegen | **Öffnungszeiten** für Öffnungszeiten und Informationen: Tel. 335/5851186, www.cascina-italia.it | **Tipp** Statten Sie dem Ort einen Besuch während des Festes des Schutzheiligen von Ceresole d'Alba ab, das jeden ersten Sonntag im September ausgerichtet wird.

103_Die Gärten von Govone

Die Gegenwart Rousseaus ist spürbar

Wer gerne die Philosophie am Gymnasium studiert hat, hebe die Hand. Wenn man als Erwachsener in Erinnerungen an diese Zeit schwelgt, dann muss man zugeben, dass die Philosophie uns interessierte und uns dazu brachte, Fragen zu stellen, die wir bis dahin nicht für möglich gehalten hatten. Wenige von uns studierten jedoch Sokrates, Kant und Schopenhauer mit Freude, Muße und Leichtigkeit – Schule hin oder her. Denn die Prioritäten waren andere: Mit den Freunden ausgehen, die Sommerferien in Griechenland mit dem Schlafsack verbringen und mit der Fähre über Igoumenitsa fahren. Philosophie? Eher nicht. Aber die Jahre vergehen, man wird bürgerlicher, andere Dinge werden wichtiger, die Rhythmen werden behäbiger und wir werden gewahr, dass dieses Schulfach uns eigentlich ziemlich gefiel. Irgendwann bei den modernen Philosophen kamen wir zu Monsieur Jean-Jacques Rousseau. Seine Hauptwerke »Abhandlung über den Ursprung und die Grundlagen der Ungleichheit unter den Menschen«, »Emile oder über die Erziehung« und »Vom Gesellschaftsvertrag« waren zwar keine leichte Kost, aber welches Glücksgefühl, wenn wir in Einklang mit seinen Ideen kamen, auch wenn wir sie nicht alle teilten …

Man wird sich fragen, was denn der Roero mit Rousseau gemein habe? Ganz einfach, der Schweizer Philosoph nächtigte einmal während seines Turiner Aufenthalts im Schloss von Govone, als er als Sekretär zunächst für die Gräfin von Vercellis und später für den Graf Solaro di Gouvon tätig war. Noch heute ist das Schloss von atemberaubender Schönheit. Übersehen Sie nicht die zwei Hunde auf der fassadenseitigen Freitreppe, die ursprünglich in Veneria Reale standen. Die Gärten mit ihren Buchsbaumhecken und den Wegen, die auf einen zentralen Brunnen zulaufen, das Ganze umgeben von einem weitläufigen Englischen Garten. Man kann noch den älteren Teil aus dem 17. Jahrhundert von dem 100 Jahre später angelegten unterscheiden, der vom berühmten französischen Landschaftsarchitekten Xavier Kurten gestaltet wurde.

Adresse Piazza Vittorio Emanuele 1, 12040 Govone (CN) | **Anfahrt** die Autobahn E 70 von Turin in Richtung Piacenza bis Villanova d'Asti fahren, dann auf der SP 19 in Richtung Govone weiterfahren, zum Ortszentrum fahren | **Öffnungszeiten** April–Okt. immer Sa, So 10–12 und 15–18 Uhr, Juli–Aug. 10–12 und 16–19 Uhr geöffnet, www.castellorealedigovone.it | **Tipp** Essen gehen Sie am besten in der Trattoria Pautassi (Via Botte 21, www.trattoriapautassi.it), wo Sie die heimische Küche in einem sehr stimmungsvoll restauriertem Ambiente genießen (Tel. 0173/58010).

104 Die Gipsdecken

Eine historische Tradition

Magliano Alfieri wurde von der Kommune Asti 1198 als »neuer Ort« angelegt. Bis 1910 hieß es Magliano d'Alba, als der Name zu Ehren der historischen hiesigen Herren, den Alfieri umbenannt wurde.

Dieser Familie verdanken wir auch das grandiose Schloss aus dem 17. Jahrhundert, das den Ort beherrscht. Zu den illustren Persönlichkeiten, die im Ort geboren wurden (Militärs, Diplomaten und Politiker), gehört auch der Erbauer des Schlosses, ein gewisser Catalano, dem im Dienste der Savoyer unter anderem die Aufgabe zukam, die Tribute einzutreiben. Anscheinend tat er dies mit so viel Eifer, dass er sich den Hass der Bevölkerung zuzog, die sich über ihn beschwerte: »*Nusgnur ch'un tena a màn da ra lòsna, da u trùn e d'ar cunt Catalan*« (»Möge uns der Herr von Blitz, Donner und dem Grafen Catalano schützen«). Aber das Schicksal, das uns manchmal eben Streiche spielt, hat dafür gesorgt, dass die Säle seines Schlosses heute mit Gipsdecken aus den Behausungen der armen Bauern bezogen sind, die Opfer seiner Gier wurden.

Denn im einst prächtigen Heim der Alfieri residiert heute das Museo Civico Antonio Adriano Arti e Tradizioni Popolari La Cultura del Gesso, das Aspekten der heimischen Kultur gewidmet ist (in der neuesten Sektion »Il teatro del paesaggio« gibt es eine sehr eindrückliche Multimediaausstellung). Im Museum ist eine originelle Bautechnik zu bewundern, die im Roero, Astigiano und Ovadese flächendeckend verbreitet war: Decken aus Gips, die dank der reichlichen Vorkommen in den umliegenden Gruben auch in den bescheidensten Bauernhäusern gang und gäbe waren, denen sie einen Hauch Eleganz verliehen und daneben eine wichtige Dämmungsfunktion ausübten. Gezeigt werden Techniken, Gerätschaften und Modelle von Gipsdecken: Diese waren tragend und bestanden aus Platten, die in das Holzwerk aus Balken und Trägern einpasst und deren Vorderseite mit hölzernen Models bearbeitet wurde, sodass ganz unterschiedliche Verzierungen in den weichen Gips eingeprägt wurden. Die älteste ausgestellte Decke, aus dem Jahr 1580, stammt aus einem Bauernhaus von Vezza d'Alba.

Adresse Museo delle Arti e Tradizioni Popolari La Cultura del Gesso presso il Castello Magliano Alfieri, Via Alfieri 4, 12050 Magliano Alfieri (CN) | **Anfahrt** von der A 33 zwischen Asti und Alba bei Castagnito abfahren, die SS 231 einschlagen und nach Magliano Alfieri folgen | **Öffnungszeiten** April – Nov. Sa, So 10.30 – 18.30 Uhr, www.amicicastelloalfieri.org, Tel. 0173/66117 | **Tipp** Auch das Gipsmuseum im Castello von Moncucco Torinese lohnt einen Besuch (www.turismoincollina.it). Und im Ristorante Albergo Garibaldi von Cisterna d'Asti (Via Italia 1, Tel. 0141/979118, www.albergoristorantegaribaldi.it) können Sie in einem mittelalterlichen Haus unter Gipsdecken speisen. Das Gebäude wurde im 18. Jahrhundert umgebaut und weist eine Jugendstilfassade auf. Als Spezialitäten gibt es Fritto misto auf piemontesische Art, den gebackenen »jambone«, Tagliolini al Cisterna d'Asti und das Eis mit einer Mostarda aus Isabella-Trauben.

105_Der Schlund von Pocapaglia

Der uralte Wasserlauf des Tanaro

Die Schluchten des Roero sind Resultat eines interessanten Phänomens: Eine Erosion, die vor 250.000 Jahren im Gefolge eines geologischen Ereignisses namens »Einschließung des Tanaro« Canyons und Gräben erzeugt hatte. Vor diesem geologischen Phänomen war diese Gegend eine Hochebene und der Fluss Tanaro durchfloss sie in nordwestlicher Richtung, um dann auf Höhe von Carignano in den Po zu fließen. Ein zweiter Strom in der Gegend um Alba begann das Gelände zu erodieren und führte dazu, dass der Tanaro seinen ursprünglichen Lauf änderte, austrocknete und stattdessen künftig in die Gegend von Alessandria floss. Der Zusammenfluss lag aber sehr viel niedriger als der vorherige, sodass der Fluss ungestümer dahinfloss, was eben die heute noch sichtbaren Erosionsmerkmale erzeugte. Sämtliche Zuflüsse passten sich den neuen geologischen Bedingungen an, sodass die Wasserläufe des Roero begannen, sich in das neugeschaffene Tanaro-Tal zurückzuziehen, das Terrain einzuprägen und die Gegend magischerweise zu formen, wie wir sie heute kennen.

Der Pfad der Rocca Creusa führt am Amphitheater der spektakulärsten dieser Schluchten vorbei und beginnt in Pocapaglia, einem Ort, der einer der märchenhaftesten und interessantesten Namen Italiens besitzt. Der Wanderweg eröffnet den Besuchern ein Erlebnis fast prähistorischer Natur, macht die Erosion gewissermaßen fühlbar und zeigt uns die eindrucksvollsten Zeugnisse dieses geologischen Phänomens. So kann man mit eigener Hand die Sandzusammensetzung der verschiedenen Canyonschichten erfühlen und nebenher ein Territorium erkunden, in der viele Vogelarten nisten.

Wir Sterblichen ohne Geologiekenntnisse müssen uns, wie alle Dilettanten, hin und wieder mit der Realität messen. Vor diesen Schlünden, Canyons und Schluchten scheinen wir die Großartigkeit der Erde und des Ganzen zu fühlen oder gar zu verstehen. Eine Erfahrung, die uns wortwörtlich mit offenem Mund stehen lässt.

Adresse Für Infos: Ecomuseo delle Rocche del Roero, Piazzetta della Vecchia Segheria 2/b, 12046 Montà (CN), Tel. 0173/976181, www.ecomuseodellerocche.it | Anfahrt A 6 Turin–Savona bei Carmagnola verlassen, weiter nach Ceresole d'Alba und dann nach Pocapaglia, dort den Schildern zu den Rocche folgen | Öffnungszeiten Di, Sa 9.30–12.30 Uhr, Mi, Do 9.30–12.30 und 14.30–17 Uhr, So (April–Okt.) 10–12 Uhr | Tipp In Ceresole d'Alba wird auf der Hochebene nach Poirino die »Goldhöcker«-Schleie gezüchtet, die klassisch frittiert und in Essig, Weißwein und Kräutern eingelegt wird, ein kaltes Sommergericht, das man im Piemonte als »carpione« kennt. Eine Aufzucht findet sich in der Cascina Italia von Giacomo Mosso (Tel. 335/5851186, www.cascina-italia.it).

106 Der »virtuelle Friedhof«

Begraben wir, wen wir wollen

In unserer Arbeit (als Journalisten oder Autoren) gibt es Momente, in denen wir uns die Hände vor der Tastatur reiben, weil wir schon vor dem ersten Anschlag wissen, dass dies ein Leckerbissen sein wird.

Stellen Sie sich Ihre Lieblingsfigur aus Ihrem Lieblingsroman vor (also die Doppelkultfigur) oder die Hauptfigur eines Songs oder Films, oder auch einen großen Künstler, denen keine würdige Grabstätte zuteilt wurde. Wir alle haben mindestens einen. Denken wir zum Beispiel an Charles Swann, eine der Hauptfiguren von »Auf der Suche nach der verlorenen Zeit« von Marcel Proust (das sich immer gut zum Cocktailabend macht, und immer ein Meisterwerk bleibt), der sich auf 1.000 Seiten vor Liebe (nach Odette) verzehrt und die unglaublichsten Dinge erlebt, weil die Liebe nur diesen Namen verdient, wenn man sich Höllenqualen unterzieht, um am Ende des Romans, puff!, zu verschwinden, wie es sich für jeden echten Romanhelden geziemt. Wo man nun alle seinen Schmerz miterleben musste, ist man versucht, ihn hin und wieder zu trösten oder, was weiß ich, ihm auf die Schulter zu klopfen, um ihm zu sagen: »Komm schon Charles, diese Odette war schon verflucht anstrengend, aber jetzt ist alles vorbei.« Ohne sich dabei unbedingt die Lektüre des gesamten Proust'schen Werkes anzutun. Nun, all dies ist jetzt möglich!

Denn das künstlerische Kollektiv der Eredi Brancusi hat Anfang der 2000er Jahre einen virtuellen Friedhof für fiktive, aber vielen ans Herz gewachsene Figuren gegründet. Alles ist hier vertreten: von Anna Karenina bis Dorian Gray über Marinella von Fabrizio de André, Madame de Tourvel (*sacrebleu*, wie nicht der Protagonistin von »Gefährliche Liebschaften« einen ewigen Grabstein stiften?), Obi-Wan Kenobi (an ihn hätten wir gar nicht gedacht). Ein prächtiger Ort also und eine derart surreale Idee, dass sie Monty Python entstammen könnte. Natürlich läuft in einem Land wie Italien nicht alles nach Plan, sodass auch hier etwas schiefging: Jemand hatte die tolle Idee, einige Grabsteine zu entwenden.

Adresse Bosco di Pocapaglia, 12060 (CN). Es handelt sich um ein eingezäuntes Grundstück mit vielen »Privatbesitz«-Schildern: Aber keine Sorge, Sie können leicht hinüberklettern oder unter dem Zaun durchschlüpfen. Glück auf: 60.000 Quadratmeter in waldiger Umgebung erwarten Sie, aber genau das macht den Spaß aus. | **Anfahrt** die A 6 Turin – Savona bei Carmagnola verlassen, weiter nach Ceresole d'Alba, dann nach Pocapaglia | **Öffnungszeiten** bevorzugt in Vollmondnächten (Info: www.eredibrancusi.net) | **Tipp** Im Ristorante L'Ostu 'D Racunis (Borgata San Martino 7, Pocapaglia, Tel. 0172/430058) speist man wie die Leute von hier. Lassen Sie sich beraten, aber verpassen Sie nicht die gefüllten Pfirsiche und begießen alles mit einem der ausgezeichneten Weine der Gegend.

107_ 'L Torion

Ein Turm für die Gemeinschaft

Vezza d'Alba war schon immer da. Kurz nach Canale, kurz vor Guarene, jenseits des Tanaro und also mitten im Roero legt sein schöner alter Kern, die Burg und die Kirche (wie fast überall in Italien und vor allem in dieser Gegend), Zeugnis von der feudalen Vergangenheit, von der Beschaulichkeit und der hohen Lebensqualität ab. Er ist also ganz und gar eine jener schönen Borghi, für den das Basso Piemonte so bekannt ist. Wie fast überall in Italien gibt es auch hier Betonburgen, Fabrikhallen und Häuser, die zwischen den 1960er und 1980er Jahrem wie die Pilze aus dem Boden geschossen sind.

Aber in Vezza gibt es eben auch den sechseckigen 'L Torion, der zwar im Zweiten Weltkrieg bombardiert worden ist, aber immer noch den Ort überragt. Im Schatten steht auch eine der Riesenbänke von Chris Bangle (siehe Ort 111) und ein Trüffelgelände zu Schulungszwecken. Aber das ist nicht alles: Die Hersteller des Weines Ceretto (siehe Ort 1) haben, auch auf Anregung der Gemeinde hin, den Turm erworben und sanieren ihn jetzt, um dort einen Weinberg und einen Obstgarten ebenfalls zu Schulungszwecken anzulegen, der Teil einer bereits bestehenden didaktischen Rundtour für die Allgemeinheit ist.

So wird demnächst ein Landwirtschaftspark mit biodynamischer Führung Gestalt annehmen, in dem lokale Früchte wie die Madernassa-Birne, bestimmte Spargelsorten sowie Pfirsiche aus Canale wachsen. Als wahre zeitgenössische Mäzene wollen die Mitglieder der Familie Ceretto den bei Touristen sehr beliebten Turm zu einem Symbol des Territoriums zwischen Geschichte und Innovation verwandeln. Perspektivisch gesehen eine künstlerische Ad-hoc-Installation.

Wir wünschen dem Turm eine berühmte Zukunft, wie es bereits der Kapelle von La Morra mit den Verzierungen von Sol De Witt und David Tremlett widerfahren ist, die Webseiten, Blogs und Kunstbände der halben Welt schmückt (auch die umstehende Seite).

Adresse Es gibt keine eigentliche Adresse, aber der Turm befindet sich auf dem Sentiero del Torion. | **Anfahrt** die E 717 bis Carmagnola fahren, dann auf die SP 134 bis Pralormo und schließlich die SR 29 nach Vezza d'Alba folgen | **Öffnungszeiten** immer geöffnet | **Tipp** Wenn Sie sich den Ausblick von der Riesenbank Chris Bangles gegönnt haben, begeben Sie sich zum Restaurant Di Vin Roero (Piazza San Martino 5, Vezza d'Alba) mit ausgezeichnetem, gesundem und sehr piemontesischem Essen.

108__Das Netz der Wanderwege 1

Schritt für Schritt zwischen Bienen, Kreuzweg und Trüffeln

Der Roero ist bekannt für sein Netz aus Wanderwegen, zur großen Freude nicht nur von Trekkingfreunden, sondern allen, die sich dieses Territorium zu Fuß erschließen möchten. Das Netz besteht aus Dutzenden unterschiedlicher Wege, einige auch thematischer Natur, auf denen der gesamte Roero Schritt für Schritt erkundet werden kann (sofern man über genügend Zeit, gute Beine und wanderwillige Füße verfügt).

Der Weg der Imker: Dieser Pfad startet vom Ort Montà und kreuzt den Weg der Rocche, der großen Sehenswürdigkeit der Gegend (siehe Ort 105). Wie schon der Name sagt, erzählt dieser Weg die Geschichte der Bienenzucht und vor allem die Beziehung zwischen den Bienen und ihrer Umgebung (Honig ist eine der Spezialitäten des Roero). Besonders interessant sind einige Punkte, in denen man auf »ciabòt« trifft, kleine charakteristische Bauten der piemontesischen Weinberge, wie dem Ciabòt Calorio (mit einem Bienenstock in Schrankform sowie dem Ciabòt Cà d'Avìè (mit in die Mauer eingelassenen Bienenstöcken aus dem 18. Jahrhundert, in denen stolze 64 »Bienenfamilien« Platz finden. Für Honigmäuler (und Freunde der Biene Maja).

Der Sentiero Religioso markiert jenen Pfad zwischen Weinbergen und Föhren, den die Pilger früher vom Dorf Montà d'Alba zum Sacro Monte dei Piloni (und zurück) nahmen, und durchquert eine wahrlich einzigartige Landschaft. Am Heiligtum der Piloni, dem kleinsten der »Heiligen Berge« des Piemonts, genießt man einen 360-Grad-Rundblick über die umliegenden Hügel. Für Gläubige und Laien.

Der Rundweg des Trüffels folgt auf mehr als fünf Kilometern den Routen der *trifolai*, der Jäger des berühmten Weißen Trüffels. Er startet im Zentrum von Montà d'Alba und verwandelt sich in einen echten Naturpfad, gesäumt von Ciabòt jeder Art. Der Trüffel dieser Gegend gilt als einer der besten überhaupt.

Adresse Ecomuseo delle Rocche del Roero, Piazzetta della Vecchia Segheria 2/b, 12046 Montà (CN) | Anfahrt die E 717 bis Carmagnola fahren, dann die SR 29 bis Montà folgen | Öffnungszeiten für weitere Informationen kontaktieren Sie das Ecomuseo delle Rocche del Roero, Tel. 0173/976181, www.ecomuseodellerocche.it | Tipp In einer Region wie dem Piemonte, die sich UNESCO-Stätten der Sacri Monti, von Oropa bis Crea (siehe Ort 77) rühmen kann, sollten Sie den Sacro Monte dei Piloni von Montà mit romanischer Kirche, den 13 Kapellen des Kreuzwegs und dem Heiligen Grab aufsuchen. Man erreicht ihn mit dem Fahrzeug vom Ortsteil Laione di Montà oder zu Fuß über den Sentiero Religioso (für die Besichtigung der Kirche den Schlüssel beim Pfarrer erfragen).

109_Das Netz der Wanderwege 2

Auf den Spuren des Dachses unter uralten Kastanienbäumen

Sollten die obigen Wege nicht ausgereicht haben, um die Panoramen und Sehenswürdigkeiten der Gegend zu erkunden und die eigens gekauften Trekkingschuhe noch Lust machen, ein wenig Asphalt (oder Erde, Kies et cetera) zu schnuppern, hier eine weitere Liste möglicher Wanderwege im Roero.

1. Der Weg der Kastanienbäume: Auf die Gegend von Montà entfallen rund 50 Prozent aller Exemplare historischer Kastanienbäume im gesamten Roero. Häufig sind es jahrhundertealte, majestätische Bäume, deren Kronen die Landschaft prägen. Auf diesem mehr als elf Kilometer langen Pfad können Sie Dutzende dieser Pflanzen bewundern. Für Liebhaber von Kastanien. Und wer ist das nicht?

2. Der Sentiero della Castagna Granda: Über Kastanienbäume und Kastanien kann man erst reden, wenn man dieses monumentale Exemplar seiner Gattung gesehen hat, das mehr als 400 Jahre auf dem Buckel hat und einen Umfang von über zehn Metern besitzt. Der große Baum der Castagna Granda lebt aber nicht allein, sondern teilt sich seine Wiese mit einigen jüngeren, aber immer noch jahrhundertealten Geschwistern. Der Weg startet von Monteu Roero, einem wunderschönen Panoramapunkt und natürlichem Balkon über das Hügelmeer.

3. Der Sentiero del tasso: Der Pfad verdankt seinen Namen einem vielleicht nicht allen bekannten, aber dennoch in diesen Breiten häufigen Säugetier, wovon der Name der Ortschaft, die der Weg kreuzt, Zeugnis ablegt: Val Tassera. Der untersetzte Dachs mit seiner gestreiften Schnauze findet hier den idealen Lebensraum, um sein extrem zurückgezogenes Leben zu führen. Der Weg beginnt in Vezza d'Alba und macht auf zehn Kilometern eine Runde zwischen Weinbergen und Wäldern, Wiesen und Feldern. Anhand der Spuren in der Nähe ihrer Baue entdecken Sie die Lieblingsorte dieses haarigen, zweifarbigen Tieres.

Adresse Ecomuseo delle Rocche del Roero, Piazzetta della Vecchia Segheria 2/b, 12046 Montà (CN) | **Anfahrt** über die E 717 bei Carmagnola anfahren, dann der SR 29 nach Montà folgen; nach Monteu Roero gelangen Sie über die SR 29, dann über die SP 29, Richtung Vezza d'Alba weiter auf der SR 29 bis Borbore, dann die SP 152 | **Öffnungszeiten** für weitere Informationen kontaktieren Sie das Ecomuseo delle Rocche del Roero, Tel. 0173/976181, www.ecomuseodellerocche.it | **Tipp** Mit der kostenlosen App izi.TRAVEL können Sie sich Audioguides auf Ihr Smartphone laden, die Ihnen die einzelnen Etappen der Wege beschreiben und Ihnen Gesellschaft leisten.

110 Das Netz der Wanderwege 3

Zwischen Madernassa-Birnen, Mühlen und Burgen

Wenn die Füße noch tragen, die Lunge noch nicht pfeift, die Waden noch stramm sind und die Lust am Laufen alles andere im Leben überragt, dann sind hier drei weitere Wege, die wie die anderen von sensationeller Schönheit sind.

1. Der Weg der Madernassa-Birne: Eine für die Gegend typische Birnensorte, die man nur hier findet. Dieses Privileg sollten Sie auskosten: Die Frucht reift in den Monaten Oktober und November und ist von einer unglaublichen Süße. Sie schmeckt am besten gekocht, üblicherweise in Wein und Gewürzen. Genügt Ihnen die Birne alleine nicht und Sie möchten alles über ihren Lebensraum erfahren, dann sollten Sie den Wanderweg mit ihrem Namen einschlagen, der durch ihre Anbauflächen in der Nähe von Borbore verläuft.

2. Der Weg der Mühlen: Dieser Pfad geht vom Örtchen Magliano Alfieri aus und führt durch eine Gegend mit den alten Gemeindemühlen nach Marene, die heute stillgelegt sind und anschauliches Zeugnis von der Getreideproduktion dieser Ebene ablegen. Eine der ältesten ist Mulino Lavandaro, einst Eigentum der Grafen Roero, den Herren dieses Landstrichs. Insgesamt 19 Kilometer lang, wir empfehlen daher ein Fahrrad.

3. Der Weg der Burgen: Verbindet die Residenz der Alfieri di Magliano Alfieri mit dem Castello di Govone, UNESCO-Kulturerbe (siehe Ort 103). Der Weg führt auf dem Kamm mit Blick auf die Ebenen des Flusses Tanaro entlang und durchquert das Dorf Priocca. Auf seinen 15 Kilometern lohnen sich, neben dem alten Kern von Magliano Alfieri und dem Castello di Govone, die Pfarrei von San Vittore in Priocca, die man von außen besichtigen kann, sowie der vollständig erhaltene, freilich aufgegebene Hochofen von San Pietro aus dem frühen 20. Jahrhundert: Er diente dem Backen von Backsteinen und anderen Baumaterialien. Das Gebäude und der Schornstein wurden jüngst restauriert, der Zutritt ist nicht möglich.

Adresse Ecomuseo delle Rocche del Roero, Piazzetta della Vecchia Segheria 2/b, 12046 Montà (CN) | **Anfahrt** Borbore: auf der E 717 bis nach Carmagnola, dann weiter auf der SR 29 nach Borbore; Magliano Alfieri: die SS 231 bis Sant'Antonio, dann die SP 172 bis Magliano Alfieri; Govone: SS 231, dann SP 49 bis Govone | **Öffnungszeiten** für weitere Informationen kontaktieren Sie das Ecomuseo delle Rocche del Roero, Tel. 0173/976181, www.ecomuseodellerocche.it | **Tipp** Unter den vielen Spezialitäten der Gegend müssen Sie unbedingt den Maderè probieren, den ersten und einzigen Cidre der Madernassa-Birne von Langhero Azienda Agricola Rivata Massimo (Località Sotteri 4, Guarene, CN, Tel. 366/3180873, www.langhero.it).

111 Riese oder Liliputaner?

Die Panorama-Bänke von Chris Bangle

Stellen wir uns vor, wir kehren in die Kindheit zurück, als alles um uns herum riesenhaft anmutete. Fügen wir Gulliver und die Riesen von Brobdingnag oder die winzigen Einwohner von Lilliput hinzu. Und wie könnten wir Gargantua und Pantagruel vergessen? Alle eint dieselbe verblüffende und (hoffentlich) begeisternde Vorstellung, die Welt und ihre Bewohner als klein oder riesenhaft wahrzunehmen. In den Langhe, Roero und Monferrato kann man dank der Riesensitzbänke des Designers Chris Bangle zumindest das vergnügliche Gefühl der Winzigkeit ausprobieren und dabei das umstehende atemberaubende Panorama genießen.

Die erste Sitzbank stellte der US-amerikanische Designer 2010 auf einem Grundstück in Clavesana auf (nicht in den USA, sondern ganz bequem in der Provinz Cuneo), wo Bangle seinen Wohnort und sein Studio besitzt. Diese Installation war Besuchern und Passanten jederzeit zugänglich und ermöglichte es, die umliegende Landschaft wie geschrumpfte Kinder zu bestaunen. Die überdimensionierte Sitzbank schlug wie eine Bombe ein, sodass dank privater Sponsoren und der Tatsache, dass Bangle Zeichnungen und Bauanweisungen an die Interessenten kostenlos ausgab, bald weitere offizielle Riesensitzbänke folgten (auch außerhalb des Piemonts). Einzige Bedingung ist, dass die Möbel an Panoramapunkten und auf öffentlich zugänglichem Grund stehen müssen, sodass die Philosophie der ersten monumentalen Sitzgelegenheit gewahrt bleibt. Die Sitzbank ist also keine private Installation (die erste auf Bangles Grundstück war es auch nicht), sondern eine kollektive Erfahrung, die jeder machen kann.

Noch heute können alle, die eine ähnliche Bank aufstellen möchten, das Formular auf der Webseite www.bigbenchcommunityproject.org ausfüllen und vier Fotos des Ortes beifügen, damit diese geprüft und genehmigt werden. Zukünftig wird es potenziell unendlich viele Aussichtsorte geben, in denen dieses außergewöhnliche Erlebnis möglich ist.

Adresse www.bigbenchcommunityproject.org für das Verzeichnis sämtlicher existierender Sitzbänke | Tipp Wer würde nicht gerne ein Picknick auf einer Riesenparkbank mit Blick auf Hügel, Weinberge, Wiesen und Sonnenuntergänge unternehmen? Rüsten Sie sich also mit einer Weinflasche, Wurst, Käse und Grissini aus und lassen Sie keinen Abfall liegen, wenn Sie wieder gehen!

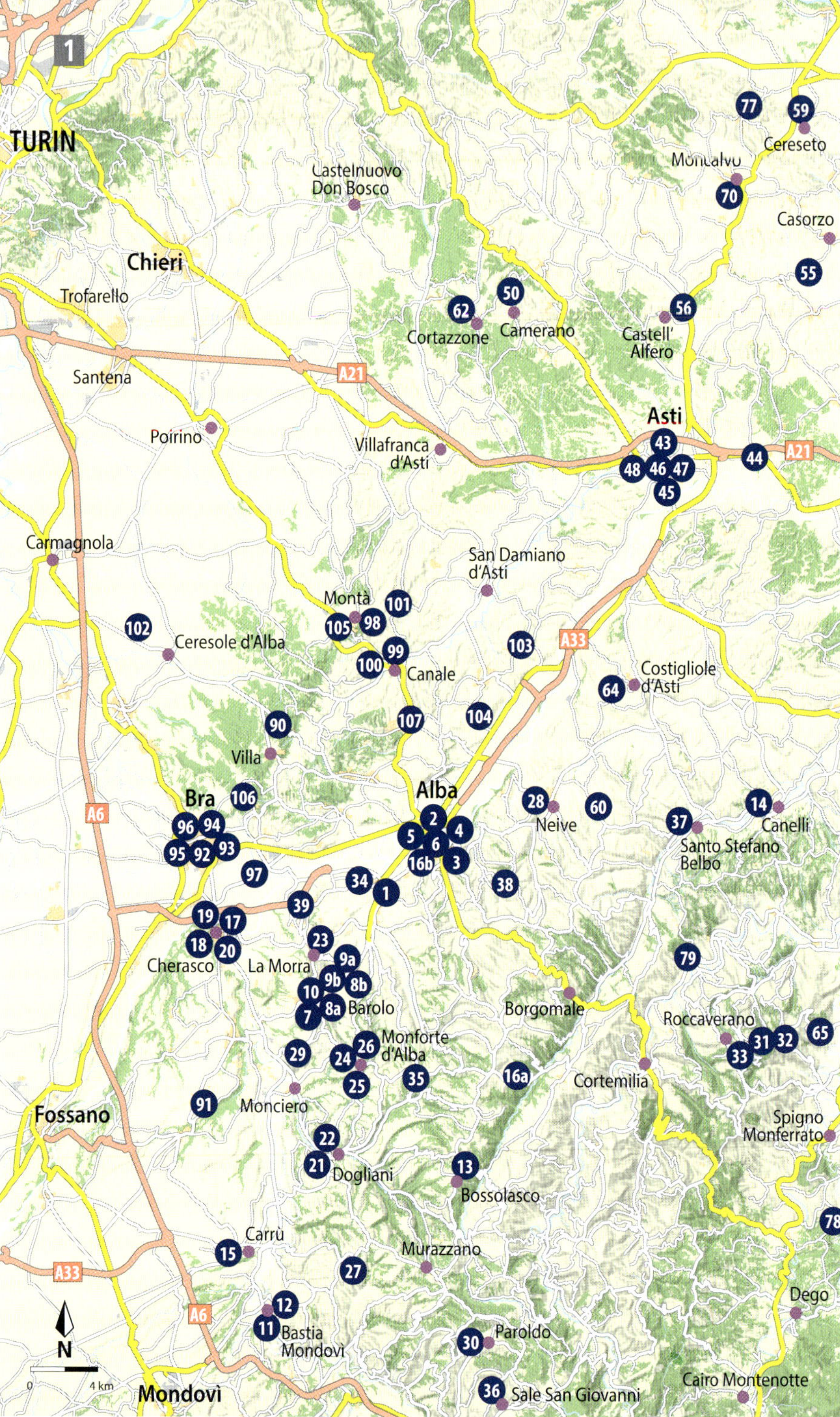

1
TURIN
Castelnuovo Don Bosco
Chieri
Trofarello
Santena
Poirino
Carmagnola
Ceresole d'Alba
Montà
Canale
Villafranca d'Asti
Cortazzone
Camerano
Castell' Alfero
Asti
Moncalvo
Cereseto
Casorzo
San Damiano d'Asti
Costigliole d'Asti
Villa
Bra
Alba
Neive
Santo Stefano Belbo
Canelli
Cherasco
La Morra
Barolo
Monforte d'Alba
Borgomale
Roccaverano
Cortemilia
Monciero
Fossano
Spigno Monferrato
Dogliani
Bossolasco
Carrù
Murazzano
Dego
Bastia Mondovì
Paroldo
Cairo Montenotte
Sale San Giovanni
Mondovì
A21
A33
A6
N
0
4 km

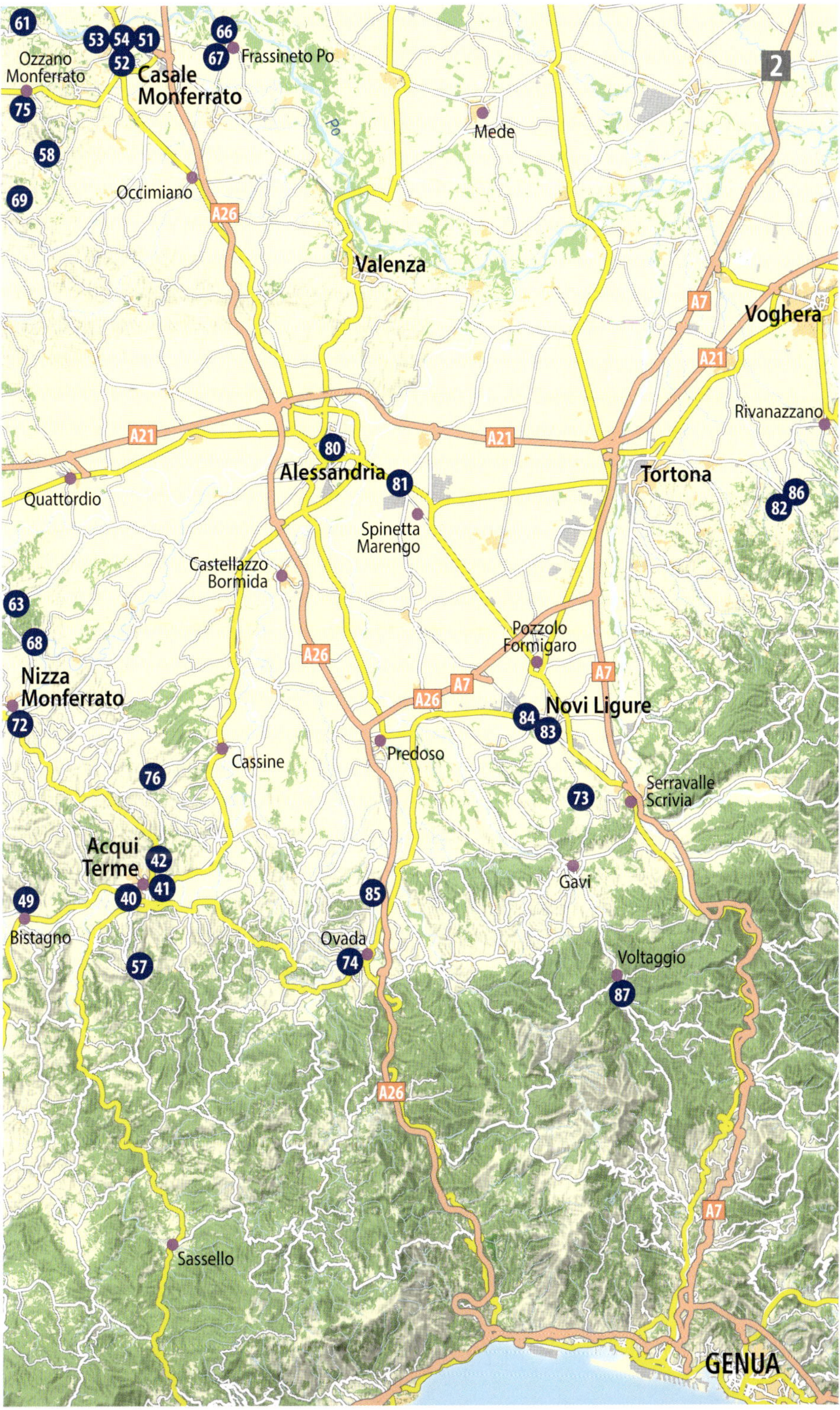
2
Ozzano Monferrato
Casale Monferrato
Frassineto Po
Po
Mede
Occimiano
A26
Valenza
A7
Voghera
A21
Rivanazzano
A21
A21
Alessandria
Tortona
Quattordio
Spinetta Marengo
Castellazzo Bormida
Pozzolo Formigaro
A7
A26
A7
Nizza Monferrato
Novi Ligure
Cassine
Predoso
Serravalle Scrivia
Acqui Terme
Gavi
Bistagno
Ovada
Voltaggio
A26
A7
Sassello
GENUA
61
53
54
51
52
66
67
75
58
69
80
81
82
86
63
68
72
84
83
76
73
42
41
40
49
85
74
57
87

Natalino Russo
111 Orte in Neapel, die man gesehen haben muss
ISBN 978-3-7408-0478-7

Fabrizio Ardito
111 Orte in Umbrien, die man gesehen haben muss
ISBN 978-3-7408-0238-7

Luisanna Messeri
111 Rezepte aus Italien, die man gekocht haben muss
ISBN 978-3-95451-863-0

Fede & Tinto
111 Weine aus Italien, die man getrunken haben muss
ISBN 978-3-95451-861-6

Beate Giacovelli
111 Orte am Comer See, die man gesehen haben muss
ISBN 978-3-95451-833-3

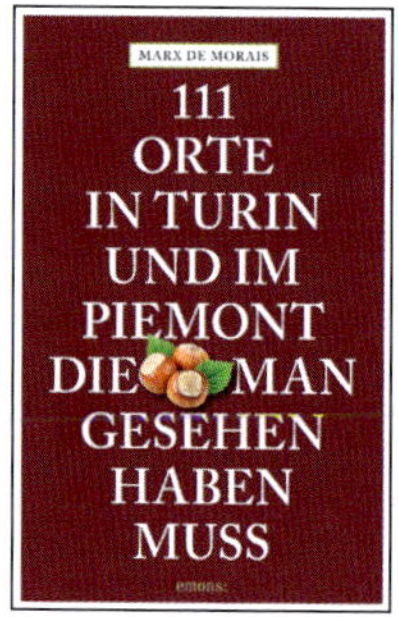

Marx de Morais
111 Orte in Turin und im Piemont, die man gesehen haben muss
ISBN 978-3-95451-736-7

Giulia Castelli Gattinara,
Mario Verin
111 Orte in Mailand, die man gesehen haben muss
ISBN 978-3-95451-617-9

Beate C. Kirchner
111 Orte in Florenz und im Norden der Toskana, die man gesehen haben muss
ISBN 978-3-95451-513-4

Gerd Wolfgang Sievers
111 Orte in Venedig, die man gesehen haben muss
ISBN 978-3-95451-352-9

Petra Sophia Zimmermann
111 Orte am Gardasee und in Verona, die man gesehen haben muss
ISBN 978-3-95451-344-4

Sabine Gruber, Peter Eickhoff
111 Orte in Südtirol, die man gesehen haben muss
ISBN 978-3-95451-318-5

Annett Klingner
111 Orte in Rom, die man gesehen haben muss
ISBN 978-3-95451-219-5

Sybil Canac, Renée Grimaud,
Katia Thomas
111 Orte in Paris, die man gesehen haben muss
ISBN 978-3-95451-847-0

Ralf Nestmeyer
111 Orte an der Côte d'Azur, die man gesehen haben muss
ISBN 978-3-95451-563-9

Ralf Nestmeyer
111 Orte in der Provence, die man gesehen haben muss
ISBN 978-3-95451-094-8

Peter Eickhoff
111 Orte in Wien, die man gesehen haben muss
ISBN 978-3-89705-969-6

Stefan Spath
111 Orte in Salzburg, die man gesehen haben muss
ISBN 978-3-95451-114-3

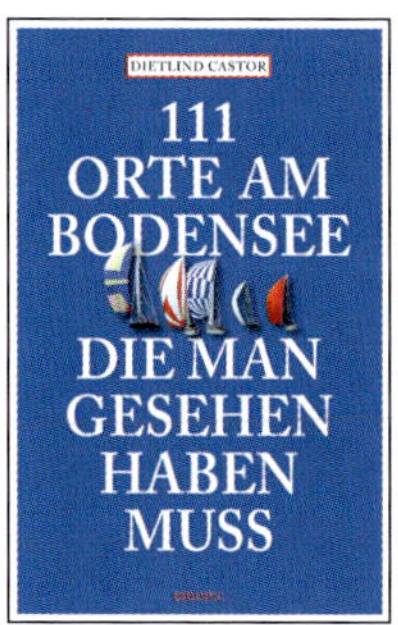

Dietlind Castor
111 Orte am Bodensee, die man gesehen haben muss
ISBN 978-3-95451-063-4

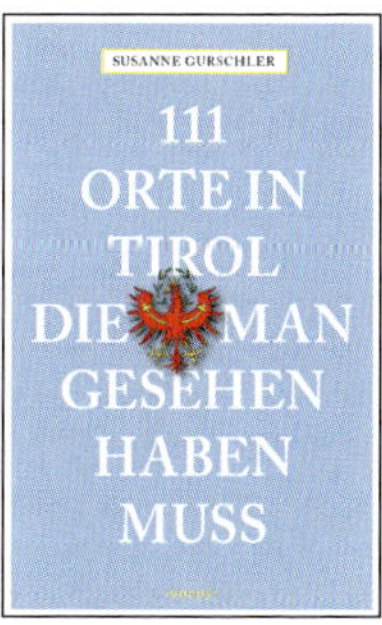

Susanne Gurschler
111 Orte in Tirol, die man gesehen haben muss
ISBN 978-3-95451-834-0

Dirk Engelhardt
111 Orte in Barcelona, die man gesehen haben muss
ISBN 978-3-95451-066-5

Rüdiger Liedtke
111 Orte auf Mallorca, die man gesehen haben muss
ISBN 978-3-89705-975-7

Dorothee Fleischmann, Carolina Kalvelage
111 Orte an der Costa Brava, die man gesehen haben muss
ISBN 978-3-95451-561-5

Lust auf mehr? Laden Sie sich die »LChoice«-App runter, scannen Sie den QR-Code und bestellen Sie weitere Bücher direkt in Ihrer Buchhandlung.

Fotonachweis

© der Fotografien: Maurizio Francesconi und Alessandro Martini: Ort 12, 18, 22, 27, 29, 30, 31, 33, 36, 43, 53, 57, 59, 66, 68, 70, 76, 79, 80, 83, 100, 103; Ort 1 (oben): Stefania Spadoni; Ort 1 (unten): Guido Harari; Ort 2: © Tartufi Morra, Alba; Ort 3, 38: Severino Marcato; Ort 4 (oben): © Associazione Centro Studi di Letteratura, Storia, Arte e Cultura Beppe Fenoglio Onlus, Alba; Ort 4 (unten): mit freundlicher Genehmigung Archivio Gallizio, Torino; Ort 5: Davide Dutto – Ente Turismo Alba Bra Langhe Roero; Ort 6: © Ambiente & Cultura; Ort 7: Nevio Doz; Ort 8 (oben): Corrado Morando; Ort 8 (unten): Vaclav Sedy; Ort 9 (oben): © L'Astemia Pentita, Barolo; Ort 9 (unten): © Cantina Terre da Vino-Vite Colte, Barolo; Ort 10: © Wimu Wine Museum, Barolo; Ort 11: © Associazione Culturale San Fiorenzo Onlus, Bastia Mondovì; Ort 13: Comune di Bossolasco e Antiche Insegne; Ort 14: © Contratto e Coppo, Canelli; Ort 15: Marco Ferrero; Ort 16: Fiorenzo Calosso, © Altalanga, Alba; Ort 17: © Museo della Magia, Cherasco; Ort 19: Marialuce Reyneri di Lagnasco; Ort 20: Domenico Di Benedetto; Ort 21 (oben): © Poderi Einaudi, Dogliani; Ort 21 (unten): Comune di Dogliani; Ort 23: Alessandro Farinetti; Ort 24: Paolo Pallaro; Ort 25: © Le Case della Saracca, Monforte d'Alba; Ort 26: © Fondazione Bottari Lattes, Monforte d'Alba; Ort 28: © Distilleria Romano Levi, Neive; Ort 32: Paolo Grassino; Ort 34, 46, 55, 62, 71: Giulio Morra; Ort 35: Bruno Murialdo; Ort 37: © Fondazione Cesare Pavese, Santo Stefano Belbo; Ort 39: Valerio Berruti; Ort 40: Comune di Acqui Terme; Ort 41: © Casa di Riposo Ottolenghi, Acqui Terme; Ort 42: Mark Cooper; Ort 44: © Asintrekking, Asti; Ort 45: Fondazione Asti Museo – Palazzo Mazzetti, Asti; Ort 47: Enzo Bruno, Maria Augusta Mazzarolli; Ort 48: © Museo Paleontologico Territoriale dell'Astigiano, Asti; Ort 49: Chiara Lanzi; Ort 50: Antonio Rava; Ort 51: Duomo di Sant'Evasio, Casale Monferrato; Ort 52: Comune di Casale Monferrato; Ort 54, 84: Gianluca Grassano; Ort 56: © Botti Gamba, Castell'Alfero; Ort 58, 61: Ilenio Celoria; Ort 60; Comune di Coazzolo; Ort 63: © Parco Paleontologico Astigiano, Asti; Ort 64: © Relais Villa Pattono, Costigliole d'Asti; Ort 65: Comune di Denice; Ort 67: Juan Esteban; Ort 69: Bernard Glenat, Comune di Ottiglio; Ort 72: © Pinin Pero, Nizza Monferrato; Ort 73: © Fondazione La Raia, Novi Ligure; Ort 74: Andrea Gaione; Ort 75: Associazione OperO Ozzano; Ort 77: Santuario della Madonna di Crea, Serralunga di Crea; Ort 78: Maurilio Fossati, Comune di Spigno Monferrato; Ort 81: Marcello Calzolari, © Marengo Museum, Alessandria; Ort 82: Lido Vannucchi Fotografia Lucca; Ort 85: MTpromo di Caielli Andrea; Ort 86: Amilcare Fossati, Associazione Pellizza da Volpedo; Ort 87: Archivio fotografico Museo Beni Culturali Cappuccini di Genova e Sagep Editori; Ort 88 (oben): Ente Turismo Alba Bra Langhe Roero; Ort 88 (unten): Antonio Adriano, Museo Civico Antonio Adriano; Ort 89: Archivio Paolo Pasquero; Ort 90: Museo della Racchetta, Baldissero d'Alba; Ort 91: Giacomo Lovera, dall'Archivio dell'ex Soprintendenza Archeologia del Piemonte; Ort 92: Comune di Bra; Ort 93: Caffè Pasticceria Converso, Bra; Ort 94, 96, 105: Tino Gerbaldo – Ente Turismo Alba Bra Langhe Roero; Ort 95: Davide Gallizio, Consorzio di Tutela e Valorizzazione della Salsiccia di Bra; Ort 97: Banca del Vino, Pollenzo; Ort 98: Ecomuseo delle Rocche del Roero, Montà; Ort 99: Sandro Faccenda; Ort 101: Stefano Marin; Ort 102: Giampaolo Magliano; Ort 104: Alice Merlo, Museo delle Arti e Tradizioni Popolari Cultura del Gesso e Museo Il Teatro del Paesaggio, Magliano Alfieri; Ort 106: Eredi Brancusi; Ort 107 (oben): Bruno Murialdo; Ort 107 (unten): Tino Gerbaldo; Ort 108 (oben), 109: Fabrizio Cellino; Ort 108 (unten), 110: Ecomuseo delle Rocche del Roero, Montà; Ort 111: Paola Fassino

Danksagung

Für Rat, Hilfe, Unterstützung und die gute Zusammenarbeit ein herzliches Dankeschön an:
Carlo Infuso, Ettore Filippo Mazzoccoli, Lionello Archetti Maestri, Giandomenico Bocchiotti, Pierluigi e Laura Martini, Andrea e Greta Olivieri, Liliana Dematteis, Daniele Regis, Vittorio Bertello, Francesca Comisso, Roberta Ceretto, Sergio Treves, Edoardo Mauri e Alessandro Middione, Luigi Castello, Chiara Lanzi, Giuseppe Damini, Francesco e Maria Edmee Zen, Dante Scaglia, Olga Scarsi, Federica Beccaro e Luciano Timossi, Ivana Boglietti, Nadia Ostorero, Cristina Lucca, Bruno Taricco, Tiziana Mo, Rocco Moliterni, Claudio Galletto, Fiammetta Mussio, Vinicio Chirivì, Enrico Faccenda, Michela Rovetto, Mattia Insolera, Elisa Giordano, Roberto Fiori, Marco Cavagnero, Daniela Di Giovanni e Chiara Roggero, Liliana Allena, Sara Abram e Luca Cianfriglia, Valentina Buoninconti, Nicola Pirull e Serena.

.

Die Autoren

Maurizio Francesconi, geboren 1974 in Turin, ist Modehistoriker. Er arbeitet als Journalist und Professor für Geschichte und lehrt Modedesign am Istituto Europeo di Design in Turin. Er schreibt regelmäßig über Kunst und Kultur für »La Lettura und Corriere Torino« und wirkt an Artikeln für »Living, Abitare und Sportweek«. Zusätzlich ist er Korrespondent für die Fashion Week in Paris für »Collezioni«. Er lebt in Turin und ist Autor der »111 luoghi di Torino che devi proprio scoprire«.

Alessandro Martini, geboren 1972 in Turin, ist Architekturhistoriker. Er arbeitet als Journalist und Professor an der Politecnico di Torino. Seit 2000 ist er Redakteur für den Bereich Nachrichten und Museen der Zeitschrift »Il Giornale dell'Arte«. 2011 war er einer der Gründer der Online-Museumsplattform MuseoTorino. Er schreibt regelmäßig für »The Art Newspaper«, »La Lettura, Abitare, Living und Corriere Torino«. Ebenfalls ist er Autor der »111 luoghi di Torino che devi proprio scoprire«.